Tina Benaglio   Carlo Bonetti

Il femminile che non muore mai

(Il personale è politico e il maschile non è un genere sacro)

INDICE

IL FEMMINILE CHE NON MUORE MAI

(E il maschile che non è un genere "sacro")

PROLOGO

Il libro, visto in superficie, può sembrare una semplice ricognizione storico-culturale, in verità, tale è almeno l'intento degli autori, intende invece portare in luce taluni aspetti che intorbidano ancora, nel profondo, il dissidio plurimillenario tra maschile e femminile, sia nei comportamenti sociali sia nella storia del pensiero della civiltà occidentale.

Come si vedrà, nel libro tanta parte hanno anche le vicende del pensiero politico-religioso del Levante antico. Ne abbiamo parlato per l'influenza che quelle vicende hanno avuto in Grecia prima, a Roma poi, e infine sugli ordinamenti dottrinali e pratici della vita cristiana lungo i secoli. Purtroppo, come scriviamo nel libro, nella civiltà occidentale quelle antiche radici contengono a tutt'oggi il morbo che avvelena il rapporto tra maschile e femminile, esaltando il primo e penalizzando il secondo.

Abbiamo tratto il titolo del libro dal Tao Tê Ching, là dove parla dello "Spirito della valle". Nel Tao, lo yin-yang sono i due principi che presiedono alla produzione e riproduzione di tutto ciò che costituisce l'Universo. E alla sua natura di *principio costituente* appartengono tanto il femminile (lo Spirito della valle) quanto il maschile (lo Spirito del monte), i quali, sempre stando alla natura del Tao, sono l'uno *dentro* l'altro. Anche per noi femminile e maschile sono l'uno dentro l'altro, non però come due "principi", bensì come due "aspetti" di una medesima realtà: la persona umana. Due aspetti che, come non sono "principi", neppure sono "valori assoluti", né tanto meno due generi tra loro "distinti" e "separati". Non sono valori assoluti perché, se così fosse, non sarebbero più l'uno *dentro* l'altro ma, appunto perché assoluti, si troverebbero a convivere l'un *contro* l'altro in uno stato di guerra permanente. E neppure sono due generi a se stanti perché il "genere" è un concetto "astratto" (partorito dalle idee "chiare e distinte" della mente occidentale), ed anche perché, riferendosi entrambi all'essere umano, qualora fossero ritenuti a sé stanti, verrebbero ridotti a due "cose" individuali, l'una ignara (per usare un eufemismo) della vita dell'altra. Il tragico sì è che, nella storia dell'Occidente, la divisione tra maschile e femminile venne eretta a principio di natura, un principio così ordito: la mente razionale, in posizione eminente, a dire il maschile, e il corpo irrazionale, in posizione sottomessa, a dire il femminile.

Già a suo tempo Eraclito ha fatto notare che la ragione umana (data la sua bicamerale natura), quando nomina la relazione di due termini tra loro "differenti", si limita a parlare dei due termini in modo separato, appunto perché li riduce a "concetto", non avvertendo, con ciò, che la loro "differenza" resta "il terzo escluso": il non-detto. E questo per il semplice motivo che la relazione tra i due "differenti" può solo essere *vissuta* e, pertanto, quando si ha la pretesa di andarla a dire la si riduce a ciò che essa non è, ovverosia a "concetto". Quasi fosse, non, una "relazione" da vivere, ma una "cosa" di cui parlare.

Di modo che, quando applichiamo un tale discorso a maschile e femminile e ne facciamo la "relazione tra due generi" (che costituiscono il "genere umano"), la persona, intesa come "relazione", non c'è. Appunto perché, essendo "relazione", è *vissuta-comunità* che, come tale, è pura *esperienza*, che diventa invece "cosa tra le cose" quando è ridotta a "concetto". Non solo. Allorché, nella persona umana, l'inscindibile relazione tra maschile e femminile viene codificata quale relazione di due elementi tra loro separati, la storia del mondo è decapitata, spezzata: da una parte, il "mondo delle donne", dall'altra il "mondo degli uomini", in permanente guerra tra loro. La guerra dei sessi, appunto.

Ma ritorniamo al Tao, a quanto viene detto del "compenetrarsi" del maschile e del femminile, ovverosia: la fecondità del Monte e della Valle nello stare l'uno dentro l'altro. Il Monte, che irrora la valle dell'acqua che riceve dal Cielo, e la Valle, che ne contraccambia il favore dando al mondo i frutti di cui è capace la profondità della terra. Ed è appunto in questa "feconda unità" la ragione per cui il Tao parla del "femminile che non muore mai".

«Lo spirito della valle non muore mai.
Esso è chiamato la Femmina Misteriosa.
E l'ingresso della Femmina Misteriosa
è la base da cui scaturiscono il Cielo e la Terra.
Esso si trova sempre dentro di noi...»[1].

Pertanto la nostra tesi è che il femminile non muore mai, non, perché è "femminile", ma perché "si trova sempre dentro di noi", indissolubilmente legato al maschile, da essere due aspetti di un'unica realtà: la persona umana. In altre parole, non è il Femminile preso a sé che non muore mai, bensì la natura della sua relazione. Relazione che fa di maschile e femminile un tutt'uno (un'unica persona), a tal punto "insieme" che il bene e il male arrecato dall'uno all'altro, è arrecato anche a se stesso.

Un concetto, questo, su cui conviene insistere. Per l'importanza che ha nella vita dell'uomo: in società, in famiglia, sul lavoro... In una parola, nella storia quotidiana di interi continenti. Da tener presente inoltre che, nell'agire del singolo

---

[1] La Femmina misteriosa, dunque (che è sempre dentro di noi e che non muore mai), è l'elemento "ingenerato-generante" da cui scaturiscono il Cielo e la Terra. Da notare che, come nel Tao Tê Ching, anche nella storia dei popoli la Femmina misteriosa si trova ad esprimere un rango che potremmo definire "più originario" rispetto al Maschile che a lei si accoppia. Diversamente da quanto è detto dalla tradizione ebraico-cristiana, in cui l'elemento ingenerato-generante è il Dio maschile, il quale è *ingenerato* perché "causa sui", ed è al contempo *generante* perché, nell'"amore effusivo di sé", crea il mondo. Sottolineiamo tuttavia la sostanziale differenza tra la Misteriosa femmina e il Dio della Bibbia: l'una radicalmente *immanente* nel mondo, l'altro completamente *trascendente* il mondo. Tanto trascendente al punto che, quando Cristo proclamerà di essere "vero Dio e vero Uomo" (in cui, quindi, immanenza e trascendenza sono tutt'uno), dai capi responsabili della tradizione ebraica verrà messo a morte.

(tanto nel bene da lui compiuto, quanto nel male da lui causato), *ne va* sempre della *relazione*-di-comunità in cui egli necessariamente *vive-integrato*.

Dunque, l'esistenza umana è di sua natura "relazione". Un concetto che noi traduciamo dicendo che l'uomo è al contempo "Persona-e-Comunità". Ed è ciò che la Arendt chiama "Pluralità" (e, come essa dice, non esiste al mondo *l'uomo*, ma *gli uomini*) e che Heidegger chiama "Esserci" ("Essere-nel-mondo", ossia: "in-essere-mondo"). Concetti, questi, che le donne hanno esplicitato e sintetizzato dicendo che "il personale è politico". Sono molte le accezioni verbali in cui il concetto di persona come persona-comunità può essere espresso, ad esempio: essere-città, essere-concittadini, e ancora: il nascere dell'essere umano che è un "con-nascere" di individuo-e-società, e tante altre espressioni del genere[2].

Alla luce di quanto abbiamo detto sopra, pertanto, non è corretto parlare di *persona maschile* e *persona femminile*. Anche se è doveroso ricordare quanto sia stata ardua e dolorosa la lunga battaglia che, nella storia dei popoli, le donne hanno dovuto combattere per essere anch'esse considerate "persona". Battaglia che ancora, purtroppo, non è finita. Sperando anche noi, come Rilke, che possa compiersi quanto egli afferma in questo brano:

«Un giorno esisterà la fanciulla, e la donna,
e il suo nome non significherà più soltanto
l'opposto della mascolinità,
ma qualcosa in se stesso,
qualcosa che non ci fa pensare ad un complemento
o a una limitazione, ma unicamente alla vita e all'esistenza:
l'essere umano femminile.
Questo passo in avanti

---

[2] Cosa triste sarebbe se la legittima distinzione tra vita privata e vita pubblica andasse a negare il concetto di Persona e cioè lo *stare in uno* di ciò che è contemporaneamente "proprio" e "comune".

(innanzitutto molto contrario ai desideri degli uomini antiquati)
cambierà l'esperienza d'amore che ora è colma di errori,
la muterà in modo fondamentale,
la riadatterà alla *relazione che deve esistere
tra due esseri umani*»[3].

Va da sé che il venir meno di una tale opposizione (necessaria
a costruire l'umana "città") può avvenire solo se il potere politico
(che di gran lunga è ancora riservato al maschile) fa, non uno, ma
una decina di passi indietro. Sanando così la frattura storica che
da millenni ha resa nefasta la civiltà occidentale. Ci riferiamo al
periodo in cui i popoli nomadi, con il loro agguerrito condottiero
politico, *il Dio del Cielo*, hanno sottomesso i popoli sedentari e la
loro Grande Dea, *la Madre Terra*. Antichissima vicenda storica di
cui ne parliamo per disteso, ritenendo che in essa vi sia la radice
più fonda dell'espropriazione politica fatta alla donna.
Espropriazione perpetrata da una Politica che, invece di essere
"comunicazione di progetti differenti", è soltanto "scontro di
forze"[4].

---

[3] Facciamo presente che Rilke termina il brano citato auspicando l'avvento
di una "relazione tra due esseri umani", mentre, quanto a noi, siamo soliti
parlare di maschile e femminile unicamente come due aspetti inscindibili di
un'unica realtà: la persona umana appunto. A noi pare che "nell'attesa" di
Rilke i due esseri umani di cui parla non si siano totalmente scrollati di
dosso la concezione di maschile e femminile come due generi diversi.
[4] Parlando del rapporto tra maschile e femminile, un lungo discorso
andrebbe fatto a riguardo della dottrina e della pratica della vita cristiana.
Cosa buona sarebbe se, nella concezione teorico-pratica della Famiglia
cattolica, al "tempo delle madri", in cui la donna ha da essere innanzitutto
"la partoriente", succedesse "il tempo delle spose", in cui la donna è
innanzitutto "la compagna" che, alla pari con il marito, è chiamata a
"costruire la città".

CAPITOLO PRIMO

"IL PERSONALE È POLITICO"

In ogni uomo l'elemento "maschile" e l'elemento "femminile" sono indissolubilmente congiunti in una relazione di problematica convivenza. E poiché la loro convivenza è problema, è giusto che problema anche rimanga. Per cui il tentativo di andarla a risolvere, separando i due termini, porta a un esito tanto nefasto da essere, appunto, "disumano". Che è precisamente quanto è avvenuto al maschile e al femminile nella storia dell'Occidente, dove l'*uni-verso* umano è stato diviso a metà, facendone due mondi separati e tra loro contrapposti. E dove il maschile ha ritagliato per sé l'esercizio del Potere, lasciando al femminile unicamente l'obbligo della sottomissione. Vedi, nella Bibbia, la condanna di Dio inferta alla donna: «Verso tuo marito sarà il tuo istinto, ma *egli ti dominerà*». (Genesi, 3, 16. Il corsivo è nostro). Un verdetto divino che ha prestato il fianco a una operazione di dominio che il maschile ha fatto circolare dentro il concetto che ogni autorità viene da Dio, per diventare, alla fine, un altro concetto, e cioè che l'attrazione della donna verso l'uomo è semplice "dato di natura", mentre il dominio dell'uomo sulla donna è il "sacro volere" di Dio.

E così il maschile si è imposto a padrone del femminile fino al punto di fare di sé, e soltanto di sé, il Dio. "Inflazione mitica", come la definisce Campbell. Inflazione che ha avuto come risultato che il maschile ha assegnato a sé il ruolo della "mente" e al femminile quello del "corpo". La mente, che dall'alto della propria parola crea e dà ordine al mondo, il corpo, che dal basso delle sue sensazioni è fatto solo per deturpare l'operato della mente. La mente dell'uomo, quindi, è il "razionale", mentre il corpo della donna è l'"irrazionale". In tal modo la *differenza sessuale* altro non poteva essere che l'*inferiorità della donna*.

Pertanto, come abbiamo detto nel Prologo, a parlare correttamente di maschile e femminile, se ne deve parlare come "convivenza" di due *aspetti* della Persona umana e, non, come di due "generi" tra loro divisi e destinati a "vivere in guerra". La loro problematica convivenza, cioè, ha da essere vista stando al principio secondo cui bisogna *differenziare senza separare* e *congiungere senza confondere*.

Oggi le donne, in alcuni Stati dell'Occidente, stanno assurgendo, sotto la spinta di un processo di cambiamento osmotico, ai vertici del potere politico. Confidare in un migliore futuro è "dovere", ma conviene non farsi troppe illusioni per aspettative la cui realtà è ancora di là da venire. Passerà molto tempo, infatti, prima che la Democrazia in Occidente si liberi dalla mediocrazia cara al maschile tanto da chiamarla *tout court* "Democrazia". Il diritto di voto anche alle donne è storia di parità non ancora conclusa se permette, ad esempio in Italia, che le donne entrino in Parlamento in una quota di "minor numero" rispetto al numero dei maschi[5].

Dunque, è il "personale" che è "politico", non, il maschile o il femminile! E il motivo per cui maschile e femminile vanno tenuti indissolubilmente uniti è perché la Persona è l'una e l'altra cosa.

---

[5] Dell'orrida e iniqua azione politica che in Italia va sotto il nome di "quote rosa", conviene farne memoria. Perché non sarà mai abbastanza lo sdegno che serve alle donne (e a quanti amano la correttezza politica) per andare concretamente a strappare di mano agli uomini lo stendardo "sacro" su cui hanno scritto che spetta soprattutto a loro il governo della città. Non è certo il caso di parlare di "democrazia" là dove, per esempio, una determinata nazione concedesse unicamente ai maschi di potere entrare ed uscire liberamente dai propri confini, e stabilisse invece che le donne lo possono soltanto secondo una determinata quota imposta dai maschi. Che è quanto avviene appunto in Italia con l'istituzione delle "quote rosa", le quali obbligano le donne ad entrare in Parlamento passando sotto la conta delle forche caudine imposte dal dominio maschile.

Il che è quanto dire che, con l'agire politico, la biologia non c'entra e, pertanto, fare della "rappresentanza politica" una questione di "quote sessuali", è unicamente il marchio di dominio che il maschile ha inscritto nella carne del femminile.

"Il femminile che non muore mai" è dunque detto a contrastare una tale discriminazione. Un discorso che abbiamo inteso presentare per rendere evidente il furto ontologico perpetrato dal maschile contro il femminile, facendo di sé, e solo di sé, l'essere-uomo. Furto ontologico, cioè, in cui la donna è finita con l'essere pensata e considerata, in sostanza, solo come non-uomo. Furto ontologico, certo, ma anche antropologico e cosmologico. Furto, quindi, di tutto ciò che al mondo, dall'inizio dei tempi, abita il cielo e la terra produce.Che è quanto vedremo, infatti, a partire dalla vittoria del Dio del Cielo dei popoli nomadi sulla Grande Dea, la Madre Terra dei popoli sedentari. Una vittoria in cui il genere maschile, nel porre a guida del proprio carro trionfale la divinità del Cielo, conferì ad essa le caratteristiche della "calcolante razionalità" maschile, affermando con ciò che solo al maschile è dato di governare il mondo. Il protervo concetto che relegava il femminile e le divinità della Terra a vivere come schiave al servizio del proprio dominio. Disposto tuttavia a tenerle in vita, in quanto, per irrazionali che fossero, erano pur sempre necessarie a perpetuare la stirpe maschile e la sua superiorità sull'umana progenie.

Un tale modo di esprimersi può sembrare "esagerato". Può darsi! Certo è che se l'immoderato linguaggio può essere un frutto del frustrato nostro spirito, il lungo discorso fatto sul femminile è comunque una scelta ben precisa, intesa a riportare sulla scena politica il grido di verità che i movimenti femminili hanno "messo alla luce" sostenendo in faccia a tutto l'Occidente che "il personale è politico". Una concezione che è assolutamente indispensabile se si vuole andare a "costruire la città umana"[6].

---

[6] Va fatto presente che sarebbe un fatale errore se si ritenesse che "il personale è politico", sia equivalente al "riprendiamoci la notte" che le

Quando l'espressione "il personale è politico" viene vista unicamente come una rivendicazione del femminile maltrattato e, non, come "ontologico richiamo" all'integrità dell'essere umano, vi è il rischio che la rivendicazione politica in esso racchiusa venga tradotta in una rivendicazione di ordine puramente antropologico (o di natura religioso-morale), che finisce con l'essere unicamente l'*educato rispetto* che l'uomo deve avere nei riguardi della "sua" donna. Contribuendo così a fare di un sopruso l'aureola di santità posta in capo al maschile.

Abbiamo parlato di "rischio" pur sapendo quanto ormai sia attenta e accorta la culturale vigilanza delle donne in questo torno di tempo. Non per nulla le donne sono riuscite ad imporre alla giurisprudenza italiana il concetto che lo stupro non va visto come "offesa alla morale", bensì come "offesa alla Persona". Ma a dire quanto in Italia, dal punto di vista della Politica, la strada da percorrere dalle donne sia ancora "fatta ad ostacoli" e in salita, basterebbero, da sole, quelle "maledette" quote rosa che non vogliono morire[7].

---

streghe, scampate ai roghi del Medioevo, sono tornate a rivendicare lungo le strade e dentro le piazze. Sia ben chiaro che il "riprendiamoci la notte" rivendicato dalle donne è un diritto sacrosanto: il "diritto a sedurre" senza essere stuprate. Un diritto inviolabile, visto che è di seduzione che vive il mondo! Un diritto che tuttavia si differenzia da "il personale è politico" in quanto, questo, va oltre al "riprendersi la notte", perché è il riappropriarsi della totale integrità d'esistenza della persona umana. Riappropriazione ontologica dunque. (Che poi il "diritto a sedurre" senza essere stuprate sia stato negato alle donne, dice solo la crudeltà a cui perviene il panico viscerale del maschio quando non sa reggere al coinvolgimento del corpo femminile. Il maschio, che non sapendo come fare a estinguere in sé il fuoco di lussuria che arde il proprio corpo, ne da la colpa alla donna, e brucia il corpo di lei che lui, il maschio, ha fatto "strega").

[7] Dei greci si diceva un tempo che c'è da diffidare soprattutto quando ti vengono incontro avendo tra mano un dono. Un ammonimento che vale anche per i maschi dentro i Partiti. Dove si vede ogni giorno quanto essi siano benignamente disposti ad andare incontro al femminile, solo però se si tratta di "dignità morale", ma mai quando si tratta di "parità politica". Come

A scanso di equivoci, dato il "tanto male" che abbiamo detto nei riguardi del maschile, non vorremmo essere tacciati di manicheismo, stando al quale tutto il male è da una parte e tutto il bene è dall'altra. Non ci vuole molto a capire quanto di meritevole il maschile ha saputo politicamente e socialmente "istituire" dentro la storia dell'Occidente! Sì è però che, volendo noi far presente gli ostacoli che, nella vita sociopolitica, si oppongono alla costruzione della Città, non potevamo occuparcene senza mettere mano a strappare con forza le radici dove è abbarbicata la menzogna ontologica (antropologica e cosmologica) che il maschile ha ordito contro l'agire politico del femminile. D'altra parte, come spiegare la quotidiana constatazione che vede il maschile, nel Parlamento italiano, rappresentare sia uomini che donne, mentre tanto spesso il femminile finisce con il rappresentare solo le donne? Dove trovare la ragione di una tale differenza, se non nella tradizionale concezione che affida gli affari dell'intera Polis nelle mani dell'uomo, e mette nelle mani della donna unicamente il governo (oikonomía) della propria "casa privata"?!

A nostro giudizio, se andiamo a cercare dove le donne hanno trovato le ragioni per affermare che "il personale è politico", lo troveremmo nel modo in cui esse vivono e concepiscono il loro corpo e, con esso, la sessualità. E se ci venisse chiesto il motivo per cui il "personale è politico" dà tanto fastidio al maschile, la risposta è che quell'asserzione, nello strappare di mano al maschile la sacra e inviolabile primogenitura politica, la consegna in mano alla Persona, la quale non ha nulla a che spartire né con la Politica intesa come puro "scontro di forze", né con "la guerra tra i sessi", dove la vittoria, per diritto di natura, ha da essere riservata al maschile. In altre parole: non c'è nulla di più perentorio che "il personale è politico" per dire su quale

---

ci fa capire la scelta dei Ministeri: quelli "deboli" alle donne e quelli "forti" agli uomini. La differenza che c'è tra le "miserie da amministrare" e gli "ordini da dare".

fondamento ha da essere costituita la politica di una democratica Repubblica e di una umana civiltà!

Se poi, per i discorsi che stiamo facendo, fossimo tacciati di voler "politicizzare la vita", ciò significa che, forse, nei discorsi fin qui fatti non ci siamo spiegati a dovere, in quanto il nostro modo di concepire la Politica non intende *ridurre* la vita, ma *incrementarla*, in modo che al mondo ci sia la possibilità di vivere per tutti. Ed è per questo motivo che si deve parlare dell'uomo (sia come cittadino che come Persona) a partire dalla pluralità dell'ontologico essere-polis. Oh, quanta eredità di bene verrebbe alla costruzione della città qualora, a realizzarne l'impresa, fosse l'ontologico modo d'essere de "il personale è politico"!

Nel finire il capitolo, il nostro pensiero va alla *Vita Activa* della Arendt, dove parla della necessità che vi è di "rifondare" la concezione politica della Politica, onde non sia ridotta a pura "conduzione amministrativa" (dei problemi da risolvere). Anche noi, come la Arendt, vediamo nell'agire politico (correttamente inteso) l'unico modo per liberare la condizione umana dal giogo che la tiene ancora legata alla vittoria dell'animal laborans sull'homo faber e sull'homo politicus[8].

Sopra abbiamo detto di non voler affatto ridurre la vita a quell'*unicum* modo d'essere di cui parla l'espressione "politicizzazione della vita". Tuttavia, lo diciamo francamente, non vediamo via migliore per tenere in salvo la condizione umana di fronte al nichilismo del Dio Danaro, del Dio Lavoro, del Dio Tecnico, del Dio Fondamentalista. Ed è questo, in fondo, il discorso che noi, parlando de "il personale è politico" e "il femminile che non muore mai", abbiamo inteso fare. Secondo noi, nella nostra civiltà e cultura, non sono ancora sufficienti le parole per dire l'errore ontologico e antropologico, staremmo per dire

---

[8] Ippocrate sostiene che l'azione politica, quando è democraticamente intesa e praticata, è fonte perfino di buona salute, appunto perché la salute, se intesa correttamente, prima ancora di essere un "dato biologico" è un "fatto politico".

"cosmico", in cui è caduta la condizione umana nell'avere, fin dall'inizio dei tempi, affidato il mondo al *maggior potere* del genere maschile.

CAPITOLO SECONDO

LA MADRE TERRA

La Madre Terra

Giancarlo Benelli ne "Il mito e l'uomo" (Mondadori, Milano 1992) afferma: «Allorché il mito scandaglia problemi radicali nel mondo (la vita, l'amore, la morte) c'è sempre una figura femminile che assurge al ruolo di protagonista». (Op. cit. p. 77). E se non è possibile sapere quando, nella storia del genere umano, abbia preso piede il senso del sacro, resta tuttavia sufficientemente acquisito che l'arte, nel Paleolitico, ha un carattere simbolico-religioso. Né può essere messo in dubbio che la Grande Dea (La Madre Terra) sia stata la prima divinità immaginata dallo spirito umano. E cioè, che la prima entità a presentarsi nelle vesti del divino sia stata la donna.

«Il culto si concentrò dapprima sul mistero della nascita, e perciò si mettevano in risalto le funzioni materne della donna, come rilevano le figurine femminili (chiamate comunemente "veneri", fabbricate in osso, avorio, pietra o bassorilievo) in molte delle quali gli attributi sessuali erano esagerati e suggerivano l'idea della gravidanza e talvolta anche il parto. Il loro scopo era quello di stimolare la vita con un'abbondanza sempre maggiore, sia nel genere umano che negli animali e nella natura, sicché la nascita e la generazione erano fuse in uno con la conservazione delle risorse alimentari da cui dipendeva l'esistenza». (Edwin Oliver James "Antichi Dei mediterranei" Mondadori, Milano 1990, p. 137).

Ricercare le intenzioni religiose là dove il linguaggio muto dell'archeologia ha portato alla luce solo pietre, ossa e sedimenti, può portare fuori strada. Ma così non è dove il sentimento religioso ha inciso sulle pietre le proprie intenzioni. Gabriel Camps, nel suo libro "La preistoria" (Bompiani Editore, Milano 1985), nell'illustrare i simboli religiosi nell'arte rupestre del Nordafrica, riporta un'incisione neolitica di Tiout, intitolata la "Caccia allo struzzo". In essa vi è un cacciatore con la freccia puntata in direzione dello struzzo. La punta della freccia, al centro della scena, ha dimensioni sproporzionate da farci vedere che siamo in una battuta di caccia. Dove il dare morte produce vita. Che è quanto dice Eraclito in un suo frammento: «il nome dell'arco, dunque, 'vita' (biòs), ma la sua opera, 'morte'».

Ma, in quella scena, oltre la grande punta della freccia vi è anche un altro dato importante, ed è la relazione che si stabilisce tra il cacciatore e il personaggio alle sue spalle. Quest'ultimo, in atteggiamento orante, indossa una specie di blusa chiusa in vita con le maniche da cui pendono frange e pendagli. La parte inferiore del corpo è nuda, fatto, questo, che permette di riconoscere il suo sesso indicato da una coppella. Quel personaggio è una donna. Orbene, il suo sesso è il punto di partenza di una linea, incisa nella pietra, che perviene al fallo del cacciatore. Un elemento simbolico che assicura in qualche modo l'efficacia della caccia. E infatti la linea, prima di arrivare al sesso dell'uomo, si biforca, e una diramazione si congiunge alla mano che tende la freccia.

Abbiamo scelto di parlare di questa incisione in quanto il riquadro, a ben guardare, nonostante la centralità che ha nella scena la punta della freccia, offre alla vista un alcunché di "mirabile" (che Camps chiama "sentimento religioso"), reso evidente dal fatto che la scena è dominata dalla figura della donna orante: figura che capeggia più in alto di tutte le altre. Da notare, al contrario, che la figura meno appariscente è quella dell'uomo che con l'arco tende la freccia: la sua figura è sì in mezzo alla scena, ma di modeste dimensioni, e si trova più in basso di ogni altra figura, e cioè: tra la sproposita punta della lancia e lo struzzo che scappa, da una parte, e la preghiera e il sesso della donna, dall'altra. Si sarebbe quasi tentati di dire che il contenuto simbolico espresso nella scena possa essere questo: che a dare *senso* alla "produzione" è la "riproduzione", e che è la presenza del "divino" che sta a *garanzia* all'una e all'altra[9].

Non si pensi che il nostro specifico intento sia quello di disquisire sulla natura del "sacro". Ne parliamo in quanto interessati a illustrare ciò che è avvenuto nella storia dell'Occidente, dove il maschile si è eretto a padrone politico del femminile, dal momento che, secondo noi, l'uso strumentale del sacro ha contribuito enormemente a conseguire un tal risultato. Rinunciando pertanto a disquisire sulla natura del sacro, basti la generica espressione che lo dichiara "*il Potere dell'illimitato*". Cioè, l'indefinibile e indefettibile "sempre-Altro" rispetto alle cose che si presentano alla mente e al corpo dell'essere umano. Ed è il motivo per cui, chi crede nel "sacro", è portato a pensare che, nell'Universo, come ogni cosa da esso proviene, ad esso anche rimanda[10].

---

[9] Gli studiosi di Miti e Riti sono divisi riguardo all'interpretazione da dare al contenuto "religioso" da essi espresso. Tra i molti autori ne citiamo due. Mentre Oliver James sostiene che Miti e Riti traggono contenuto e pratica dal ciclo stagionale, Walter Burkert invece, nel suo libro "Mito e rituale in Grecia", irride a una concezione siffatta, sostenendo che Miti e Riti vanno ben oltre la necessità di significare e garantire un benevolo avvicendarsi delle stagioni, in quanto la loro ragion d'essere sta nell'affrontare i misteri che racchiudono la vita e la morte dell'uomo.

[10] Quanto a noi, sosteniamo che il sacro e il profano (così come il maschile e il femminile), hanno da stare insieme, in modo però che la loro differenza non sia separazione, e la loro unione non sia confusione. Qualora volessimo discorrere della "costruzione della città" non potremmo tralasciare di parlare di un momento emblematico della storia umana, che ha visto il maschile salire sul trono del potere politico a farla da padrone al femminile. Si tratta della sconfitta dei popoli sedentari da parte dei popoli nomadi e, in ciò, della sconfitta della Grande Dea (la Madre Terra) da parte del Dio del Cielo. Una tale guerra può anche essere detta: il dissidio che vi è tra il mondo visto dalla mente olimpica del maschile e il mondo visto dal corpo

Per comprendere ciò che stiamo dicendo della Grande Dea (la Madre Terra) dobbiamo andare molto indietro nel tempo, e parlare dello scontro che vi fu quando, verso il 1250 a. C., nelle terre occupate dai popoli sedentari del Vicino Oriente e dell'Egeo, vennero a insediarvisi i nomadi-guerrieri. Con un accerchiamento a tenaglia. Da Nord, i nomadi greco-ariani provenienti dalle grandi pianure d'Europa e della Russia settentrionale, e da Sud, i nomadi semiti provenienti dal deserto arabo-siriaco. (I primi, detti comunemente "nomadi delle steppe", i secondi, "nomadi del deserto")[11].

---

ctonio del femminile. A Delfi, senza la mediazione della Pitonessa che interpretava e trasmetteva agli interroganti il volere del dio, difficilmente la distanza solare di Apollo avrebbe saputo farsi capire dagli esseri umani che solitamente si rivolgevano al divino, proprio perché, in un determinato momento, la loro vita si era fatta "dolorosa trepidazione", e la paura della loro morte "angosciato annientamento". Nulla toglie che l'interpretare della Pitonessa avesse la stessa vitale valenza che ha il sapere dell'astrologa che, negli influssi del suo corpo in terra, legge la vita degli astri in cielo.

[11] I nomadi, essendo popoli itineranti senza una propria terra, altra scelta non avevano che quella di fare la guerra a chiunque intralciasse il cammino alla loro mandrie e ai loro greggi in cerca di cibo. Si è soliti dire che il vivere viene prima del filosofare. Se un tale detto è valido oggi, lo era anche ai tempi di cui parliamo. E quindi nulla toglie che la pista seguita dai nomadi, tanto al Nord che al Sud, traesse sì orientamento dalla configurazione delle stelle in cielo, ma molto di più da quanto vivevano le loro bestie in terra, le quali, guidate dalla fame, approdarono di pascolo in pascolo ai lussureggianti prati del moderato clima mediterraneo. Animali di grossa taglia quelli che provenivano dalle steppe del Nord, mentre solo pecore e capre (e poi anche il cammello) quelli provenienti dai deserti del sud. Animali, i primi, che per tenerli a bada ci voleva la frusta, l'arco, e il comando gridato dall'alto del cavallo (in sostanza, le armi e i carriaggi del King condottiero), mentre i secondi erano animali che a tenerli a bada bastava il vigile vincastro del pastore. Al Nord, quindi, la spada del Re, a Sud, il pastorale del Patriarca. Ma non ci si illuda: spada o bastone, in mano al Potere non fanno differenza. Lo vedremo parlando degli uomini del deserto come Sargon e Hammurabi.

Joseph Campbell ("Mitologia occidentale" Ed. Mondatori, Milano 1992), dopo aver detto che gli studiosi del diciannovesimo e ventesimo secolo avevano, a ragione, sostenuto che l'immaginario della mitologia dell'Età del Ferro (primo millennio a. C.) proviene dalla *simbologia cosmologica* dell'Età del Bronzo (secondo millennio a. C.), continua: «Oggi, però, noi possiamo completare questa importante intuizione affermando che l'idea fondamentale di *tutte* le discipline religiose pagane, sia orientali sia occidentali, durante il periodo in questione (primo millennio a. C.), era che *l'introspezione mentale* (simboleggiata dal tramonto) avrebbe dovuto culminare nella realizzazione *in esse* fra l'individuo (microcosmo) e l'universo (macrocosmo). Quando si fosse ottenuto ciò, si sarebbero unificati i principi dell'eternità e del tempo, del sole e della luna, del maschile e del femminile, di Hermes e Afrodite (Ermafrodito) e dei due serpenti del caduceo». [Serpenti intrecciati che dicono al contempo l'immortalità e l'illimitato potere del sacro]. (Op. cit. p. 190).

Da tener presente che, prima dell'entrata violenta dei nomadi, nei siti di culto del mondo antico era prevalsa una concezione della natura fondamentalmente organica, vegetale e, non, eroica, che però non piacque a quei conquistatori, la cui principale fonte di ricchezza e di gioia non era il paziente lavoro della terra, ma la lancia da battaglia e il saccheggio. Di qui la conclusione di Campbell: «Nei precedenti miti e riti materni, gli aspetti luminosi ed oscuri di quella mescolanza che è la vita, erano stati ugualmente onorati. Invece, nei successivi miti patriarcali, *orientati in senso maschile*, tutto ciò che era buono e nobile fu attribuito ai nuovi Dei eroici, mentre ai poteri della natura fu lasciato ciò che era oscuro, cui fu anche dato un valore etico negativo. Infatti, come mostra un gran numero di prove, *queste due concezioni sociali e mitiche della vita erano opposte*». (Op. cit. pp.29-30).

Sappiamo quanto il materno e il femminile influenzino la psiche umana in modo diverso dal paterno e dal maschile.

Durante il regno della Dea Madre non era ancora entrata nell'Occidente la volontà individuale. Essa fu l'apporto dei nomadi conquistatori, che s'imposero come massa d'urto resa compatta dal volere unico di tante singole volontà. E mentre i sedentari, la terra in cui vivere, l'abitavano, i nomadi, invece, se la conquistavano. Ad esempio, a Creta, i popoli sedentari del periodo minoico, quando le loro imbarcazioni pervenivano ad un determinato porto, vi facevano scalo per poi tornarsene a casa. Mentre i nomadi del periodo miceneo, conquistatori nati, quando trovavano un porto dove approdare, ne facevano una propria colonia. Nella città minoica, infatti, a "governare" la gente non erano le Acropoli, ma i Santuari. E, quindi, non i furori della guerra, ma la tranquillità dei campi. Non, l'ordine impaziente del padre, ma il volto più paziente della madre.

Un simile modo di parlare del femminile "materno" può sembrare eccessivo, quasi che a rendere infelice l'esistenza umana nel mondo sia la presenza del "padre". Non è questo il nostro parere! Siamo convinti che la mente ordinatrice del Padre abbia sorretto il mondo quanto il corpo fecondo della Madre. Ciononostante, l'aver eretto a criterio di verità che l'essere e l'agire dell'uomo è "razionale", mentre l'essere e l'agire della donna è "irrazionale", nessuno può negare che una tale "dottrina" sia stata l'inflazione ideologica di un'*arrogante* imposizione del maschile sul femminile. In altre parole, il maschile ha ritenuto di potersi liberare della problematica convivenza del femminile che ha in sé "separando" ciò che è solo "differente", e facendo della separazione prodotta dalla sua impaurita debolezza, un dato di natura, e cioè: che l'uomo è superiore alla donna[12].

---

[12] Quanto a noi, se ci soffermiamo sullo scontro che vi è stato, nella storia umana dell'Occidente, tra gli Dei della Terra dei popoli sedentari e gli Dei del Cielo dei popoli nomadi, è perché riteniamo che esso sia argomento appropriato per andare a dire che "il personale è politico". In quanto, in quello scontro, il pensiero mitico, che teneva l'Universo in una corrispondente unità Cosmologia (il macrocosmo del mondo) e

La Grande Dea, Madre di Salvezza

Dopo quanto abbiamo detto della sconfitta della Grande Dea, la Terra Madre, da parte del Dio del Cielo, se vogliamo incontrare "il femminile che non muore mai", dobbiamo allontanarci dai Palazzi sacri del Potere politico maschile e cercarlo nei Santuari, nella vita dei Culti iniziatici dove gli esseri umani cercano Salvezza. Il presente paragrafo, tuttavia, non parla di proposito di tali culti. In quanto questo viene fatto nel capitolo seguente, quando parleremo dei rapporti tra la Grande Madre Demetra, il notturno Dioniso e il solare Apollo. Quanto qui viene detto è soltanto un'anticipazione che abbiamo ritenuto utile inserire per le implicazioni in essa racchiuse[13].

Il guaio è che l'azione politica, nel diventare unicamente l'ordinamento retto dal sacro potere razionale del maschile, ha defraudato lo stare insieme politico della comunità umana dell'*utopico possibile* (racchiuso nel pensiero mitico), riducendolo soltanto al *razionale probabile* del pensiero calcolante. Ideologica razionalizzazione che è andata a leggere la storia dell'uomo dicendo che il pensiero mitico è il pensiero dell'infanzia del

---

Antropologia (il microcosmo dell'uomo), è stato "ideologicamente razionalizzato", e cioè spezzato e diviso in due parti tra loro separate e contrapposte: la mente dell'uomo in Cielo, il corpo della donna in Terra. Facendo del maschile l'unico potere capace di tenere politicamente insieme l'*essere-uomini*, e dichiarando incapace il femminile perché nato solo per *generare-figli* alla specie umana.

[13] A proposito della differenza tra i Palazzi del potere maschile e i Santuari dei culti iniziatici, potremmo sostenere che, mentre la religione in mano al maschile è a sostegno della stabilità e ordine dello Stato, la religione in mano al femminile è a sostegno della speranza e salvezza per tutti. Tuttavia, di fronte ad una tale ipotetica differenza rivendichiamo (seguendo le donne che di ciò se ne sono fatte carico) che la persona umana è *sintesi* di maschile-e-femminile: il concetto che sta a fondamento de "il personale è politico".

mondo, mentre il pensiero razionale ne sarebbe l'esito finale, la sua vera maturazione.

A questo punto non ci resta che esporre il parere di alcuni esperti di Miti e Riti, che confermano l'aspetto pacifico che aveva il "divino" creato dall'immaginazione delle popolazioni sedentarie dell'Egeo e del Vicino Oriente, prima dell'invasione dei popoli nomadi.

Scrive Campbell: «Nello stadio neolitico, la figura centrale della mitologia e del culto era la benefica dea Terra, in quanto madre e dispensatrice di vita, colei che accoglieva i morti per farli rinascere. Nel primo periodo del suo culto, nel Levante, verso il 7500-3500 a. C., questa dea-madre [...] era già un *simbolo metafisico*: la personificazione del potere dello Spazio, del Tempo e della Materia, entro i cui limiti tutti gli esseri sorgono e muoiono; e la Dea Madre è la sostanza dei loro corpi, colei che determinava le loro vite e i loro pensieri, e colei che riceveva i morti. E qualsiasi cosa avesse una forma o un nome (compreso Dio, concepito come buono o cattivo, misericordioso o spietato) era suo figlio, proveniva dal suo ventre». (Op. cit. pp. 13-14).

E ancora: «Là dove prevale l'immagine materna, anche il dualismo di vita e di morte si dissolve nel suo abbraccio consolante; i mondi della natura e dello spirito non sono separati [...]. Si nutre un'implicita confidenza nella spontaneità della natura, sia nel suo aspetto negativo, mortale, sacrificale (il leone e la doppia ascia), sia nel suo aspetto produttivo e riproduttivo (il toro e l'albero)». (Op. cit. p. 86).

Abbiamo detto che, con l'irruzione nel mondo Egeo delle nomadi tribù di allevatori e guerrieri, la vita dei coltivatori sedentari venne completamente stravolta. E, con la loro vita, anche quella delle loro divinità, che avevano nella Grande Dea, la Madre Terra, colei che tutte le incarnava. Sia che si chiamasse Iside, Inanna, Ishtar, Astarte, Anat, Hera, Demetra, Cibele, e tanti altri nomi. Dall'India al Mediterraneo fino alla Bretagna, sempre di lei si tratta, in quanto era la fonte di tutte le forze generatrici

28

della natura. Tra le varie manifestazioni della Grande Dea come madre di bontà, eccelle Iside che, come sorella-sposa-madre del dio morto e risorto, fu sempre considerata, nel mito, un archetipo di bontà. Il Nilo, nella sua regolarità, è fiume benefico. Di qui, il carattere *solare* del Dio maschile, e il carattere benevolo della Dea femminile. (Cosa ben diversa dai due impetuosi e imprevedibili fiumi della Mesopotamia a cui dobbiamo il concetto di "diluvio"). Sì è però che, nell'Olimpo solare dell'Egitto, tra le divinità che reggono lo Stato, non c'è posto per il femminile! Iside, quindi, non è una divinità di stabilità di governo e di ordine civico. È madre di misericordia e di salvezza. È lei, infatti, che genera il nascere e il rinascere, che dà e ridà la vita a Osiride, che ne ricupera il cadavere e raccoglie le sue membra sparse. Ed è ancora lei che partorisce e resuscita Horus, punto dallo scorpione Seth, ed è tale la bontà del suo animo che la serba anche per il malvagio Seth. Con il suo amore e la sua misericordi opera anche tra gli inferi. Iside, donna umile e scacciata dai potenti, è la Dea che piange perché conosce e comprende l'umano soffrire.

Si veda l'emblematico modo con cui Iside parla di sé al suo iniziato Apuleio (150 d. C.) che ne parla ne *L'asino d'oro*. Iside, dopo aver detto i vari nomi in cui è chiamata nel mondo, afferma: «Io sono colei che è madre naturale di tutte le cose, signora e reggitrice di tutti gli elementi, progenitrice originale dei mondi, padrona dei poteri divini, regina di tutto ciò che sta agli inferi, prima di coloro che si trovano in cielo, aspetto uniforme di tutti gli déi e di tutte le dee. Al mio volere sono sottoposti i pianeti del cielo, i venti salutari dei mari e i lamentosi silenzi degli inferi; il mio nome, la mia divinità, è adorata in tutto il mondo, in diverse maniere, in vari riti e sotto molte denominazioni». (Tratto da Campbell, *Mitologia primitiva* p. 75).

Sì è però che l'imprevisto, come accade nelle vicende umane, è di casa anche in quelle divine. Ci riferiamo alle vicende della Grande Dea Inanna-Ishtar (Inanna, per i Sumeri, Ishtar, per i

Semiti, entrambe madri e spose di un Dio morto e risorto: il dio Dumuzi per i Sumeri, il dio Tammuz per i Semiti)[14].

Inanna-Ishtar (come Demetra in cerca della figlia Kore), scendeva in primavera agli Inferi per riportare in vita il figlio-amante Dumuzi-Tammuz, morto in autunno, onde potesse (finito il periodo della morta stagione) godere gli amplessi amorosi della sposa-madre e la beatitudine colma delle messi maturate a giugno. Parlando di lei James dice: «Tutta la vita era generata per la morte, e la stessa grande Madre era una figura tragica sempre alla ricerca di suo figlio-amante tra lamenti, pianti e dolori. Ma dietro a questa considerazione pessimistica del mondo e dell'ordine naturale si nascondeva la primitiva concezione di controllo magico-religioso delle forze cosmiche, che tentò sempre di trovare espressione nella liturgia posteriore, benché con poco successo[15]». (Op cit. p. 46).

La grande Dea Inanna-Ishtar era pertanto celebrata come madre-amante che riporta in vita il figlio-sposo. Divinità benefica, quindi. Se non che la beatitudine di una tale credenza venne messa a soqquadro quando, nel 1951, fu pubblicata la parte ancora mancante a conclusione del mito sumero di Inanna e Dumuzi. Un vero colpo di scena. In cui l'idillio si mutò in tragedia. Il testo, infatti, narra che la madre-amante Inanna torna sì dagli inferi dove è andata a riprendersi il figlio-amante Dumuzi, ma in ciò non dobbiamo pensare a una vita "risorta" passata giorno e notte tra

---

[14] Due Dei che sono più figli che sposi. Quanto poi alle due Dee, spose e madri, la loro vicenda mitica è tanto uguale, da essere considerate la Grande Dea Inanna-Ishtar.

[15] Si tenga presente quanto già abbiamo detto, e cioè che il problema religioso di tutte queste rappresentazioni mitiche era quello di tenere nell'unità il Microcosmo (l'uomo) e il Macrocosmo (il mondo). E cioè, l'originaria unità del "Tutto". Quanto poi al "poco successo" di cui parla James, le cose non stanno totalmente così. Tanto che per Harra/Carre, ancora nel Medioevo, si celebrava ogni anno (nel mese chiamato con il suo nome) la festa-ricordo detta "Il lamento di Tammuz". E che il mese di Tammuz compare ancora nel calendario ebraico e turco.

amplessi felici. Perché la verità è di segno totalmente contrario, in quanto è vero che Inanna era scesa agli inferi per portare tra i vivi Dumuzi, ma con la ferma intenzione di mandarlo poi nuovamente a morire. Tanto che, proprio mentre è vivo e prospero sul suo trono tra i vivi, lo consegna al suo demoniaco seguito, il *gallu*, perché, come suo sostituto, lo uccida. Una scelta, questa, dettata da una fatale e universale necessità. Che vede la madre-sposa mandare a morte il figlio-sposo non, come "personale vicenda", ma come salvaguardia (così vuole il mito) della messa in salvo dell'intera umanità. In altre parole: la madre, nel mandare a morire il figlio, si fa garante dell'eterno nascere e rinascere dell'universo, affinché né l'uomo né il mondo cadano nel Nulla[16].

---

[16] Mandare a morte il figlio al fine di salvare il mondo è un concetto che, secondo San Paolo, è l'anima dell'incarnazione di Cristo redentore. In quanto, qualora Cristo non fosse stato mandato a morire, non vi sarebbe la possibilità di dimostrare che Cristo è Dio, appunto perché è il Risorto. La differenza, tuttavia, con la Madre Inanna che manda a morire il figlio Dumuzi è sostanziale. Pur ammettendo che in tutti e due i casi stia a cuore la salvezza del mondo, a determinare la scelta di Inanna è la fatale e ontologica *necessità di natura* (Ananke), mentre, per San Paolo, il Padre che manda morire il Figlio è il *dono d'amore* che Dio ha fatto al mondo.

Il Dio del Cielo, Marduk, e la Grande Dea, Tiamat

Il paragrafo narra la vittoria del Dio del Cielo, Marduk, sulla Grande Dea, la Madre Terra, Tiamat. Il nipote Marduk contro la nonna Tiamat. L'intento di una tale narrazione è quello già altre volte espresso: illustrare il contrasto che, storicamente, si è creato tra maschile e femminile. E cioè la sopraffazione che il maschile ha fatto al femminile relegandolo fuori dall'agire politico. (Come prova la lunga lotta intrapresa dalle donne per conseguire il diritto al voto).

Per meglio rendersi conto di che cosa significhi la vittoria del Dio Marduk (eroe solare, condottiero e vincitore), è necessario tenere presente altri scontri che a questo assomigliano. Ad esempio, la lotta ingaggiata da Zeus (il Dio delle divinità olimpiche e della stirpe umana) contro Tifone (mezzo uomo e mezzo serpente), rappresentante della stirpe titanica in quanto ultimo figlio della madre Gea. Oppure, Yahweh contro il Leviatano, il serpente del mare cosmico. (Vicenda che corrisponde a quanto Indra fece in India contro il serpente cosmico Vritra).

In questi scontri è evidente la triste fine che fanno i Miti dei popoli vinti rispetto al glorioso imporsi dei Miti dei popoli vincitori. Scontro di Miti che, dice Campbell, «sono varianti di un unico archetipo. In entrambi, il ruolo dell'anti-dio viene assegnato ad un personaggio della precedente mitologia (in Grecia, dei Pelagi, e in India, dei Dravidi), ad un demone che era stato il simbolo dello stesso ordine cosmico, dell'oscuro mistero del tempo che riduce in polvere le opere dell'eroe: la forza del serpente che non muore mai, che muta le vite come le pelli e che fa girare ogni cosa nel circolo dell'eterno ritorno, in cui tutto si ripete per sempre e non giunge mai ad una meta definitiva». (Op. cit. p. 32)

Poiché il commento che Campbell fa dello scontro tra questi miti vincenti e perdenti è lungo, ne sunteggiamo quella parte che è maggiormente in linea con la ricerca delle radici storiche che hanno confinato le donne a vivere fuori dalla sfera del potere politico. Dice Campbell: contro il simbolo di questo potere eterno (la potenza del serpente cosmico che non muore mai) si pose il principio guerriero dell'azione individuale caratterizzata dall'irrompere fulmineo. In forza di un tale principio, l'impero minoico di Creta si disintegrò, proprio come in India la civiltà dravidica, con le sue due città gemelle Harappa e Mohenjo-daro. Tuttavia, mentre in India l'antica mitologia degli Dei dravidi (il potere del serpente), sconfitta dagli Dei vedici, riguadagnò terreno fino a fare di loro i *semplici agenti* del ciclico processo dell'eterno ritorno, in Occidente, invece, il Dio vincente non solo guadagnò terreno, ma, con la sua libera volontà (principio rappresentato dall'eroe storico), lo conquistò definitivamente fino ad oggi.

«Questa vittoria del principio della libera volontà, insieme con il corollario morale della responsabilità individuale, sono le caratteristiche fondamentali del mito occidentale, un mito in cui vorrei includere non solo il patrimonio ariano europeo [...] ma anche i Semiti e gli Ariani del Levante. [...]. Infatti sia che si pensi alle vittorie di Zeus, di Apollo, di Teseo, di Perseo, di Giasone ecc., l'insegnamento è sempre quello di un potere autonomo più forte di qualsiasi serpente o destino terrestre. Tutto ci parla (per usare una frase della Harrison) 'anzitutto di una protesta contro il culto della Terra e dei suoi demoni della fertilità'[17]». (Op. cit. p. 33).

---

[17] Nei miti della fertilità, là dove il vivente muore e rinasce, vi è sempre la presenza del "serpente". Sia come spirito che insidia la vita, sia come spirito che la salvaguarda. Egli, quale "Signore dell'Albero della Verità" (l'Albero Cosmico: *Axis Mundi*), convive, in un inizio che non ha fine, con la "Signora della Acque primordiali" (la Madre degli Abissi), generatrice di ogni cosa che al mondo "è". Da notare che, mentre nel Genesi il serpente è il diavolo tentatore, nel Vicino Oriente, settemila anni prima della

Dunque, il Dio del Cielo (il maschile) nell'imporsi alla Madre Terra (il femminile), ha fatto di sé, e *solo* di sé, l'accreditato detentore del "Potere politico". E se abbiamo scelto di parlare della vittoria del Dio Marduk sulla nonna Tiamat, non è per intrattenerci a parlare degli Dei in cielo, ma del comportamento del potere maschile in terra. Il che porta a parlare del "divino" Hammurabi (1792-1750 a.C.). Il quale, per legittimare e consolidare la propria presa del Potere politico in Mesopotamia, affida le proprie sorti al nuovo dio vittorioso, il supremo re di tutti gli Dei, il Dio Marduk. Il disegno politico di Hammurabi era quello di mettere fine al precedente regime delle Città-Stato e unificare il paese attorno a Babilonia (la città in cui egli era il Re), di modo che il suo regno fosse un sistema monarchico e centralizzato (disegno che gli riuscì, dato che da quel momento il suo regno non subirà più alcuna modifica). Se tra gli uomini, a fare le spese di una tale operazione di conquista, furono le Città-Stato, tra gli Dei a farne le spese fu la Grande Dea Tiamat: la Madre Terra che era venerata dalle Città-Stato vinte e sottomesse. Fu così che Tiamat, da madre accogliente, divenne la perversa "orchessa" divoratrice di ogni benefica forma vivente. Secondo la norma di tutti i tempi, per cui sono buone le divinità dei popoli

---

composizione della Bibbia, egli veniva venerato come una divinità. Come si può osservare al Louvre nella coppa votiva del sumero re Gudea di Lagash (2025 a.C.), che Campbell così descrive: «Due vipere copulanti, intrecciate attorno al bastone alla maniera del caduceo del dio greco della conoscenza mistica e della rinascita, Hermes, appaiono attraverso due porte tenute aperte da due draghi alati, noti come uccelli-leone». (Op. cit. p. 15). Da notare ancora che è proprio sotto forma di un immenso serpente che Zeus si accoppia con Demetra prima, e poi con la loro figlia Persefone: Demetra, la madre che dà vita, Persefone, la regina dei morti. Ed è da Persefone, regina dei morti, che nasce Dioniso, il dio che muore-e-rinasce, quale frutto del Padre-serpente.

34

vincenti, e cattive quelle dei perdenti, così come sono veri i propri Dei, e falsi quelli degli altri[18].

Lo scontro tra Tiamat e Marduk è lo scontro tra l'Età degli Dei e l'Età degli Eroi. Uno scontro cosmico. Da una parte, abbiamo la Dea degli abissi primordiali, la generatrice-ingenerata di tutte le cose. Cioè la Dea che racchiude nel suo corpo terrestre, in una unità indissolubile, la coincidenza degli opposti: il macrocosmo e il microcosmo, l'uno e i molti, il potere e il non-potere, l'ordine e il disordine, il corpo della donna e la mente dell'uomo e quanto di razionale e di irrazionale ha la vita. (In una parola: la produzione e la riproduzione, e cioè "vita e morte" di tutto ciò che l'universo contiene). Dall'altra, abbiamo il Dio del Cielo, l'eroe solare, dalle idee chiare e distinte, che "crea" il

---

[18] Nell'essere umano, simbolo e realtà (ovverosia fantasma e realtà), nascono insieme. E tuttavia è comunemente accettato che, nei primi millenni della vita umana, il simbolico si sia imposto alla realtà in un modo così prepotente da fare di quel periodo storico "l'Età degli Dei", mentre "l'Età degli Eroi" ebbe inizio quando i popoli nomadi nell'ambito del Mediterraneo e nel Vicino Oriente (500-1250 a.C.) soppiantarono i popoli sedentari. Se agli inizi dell'umana progenie, maschile e femminile vivessero nelle promiscuità sessuale, è cosa di cui si discute. Mentre è sufficientemente certo che il matriarcato (principio *tellurico*) abbia preceduto il patriarcato (principio *luminoso*). Così come è sufficientemente certa la divisione della storia occidentale (e del Levante) in due periodi. *Il primo periodo*, quando intorno al 7500 a.C., nelle vallate montane dell'Asia Minore, della Siria, dell'Iraq settentrionale e dell'Iran, lo sviluppo dell'agricoltura e dell'allevamento del bestiame produssero una svolta epocale all'insieme dell'esistenza umana conferendovi potenzialità di sviluppo. (E gli uomini, da erranti cercatori di cibo animale e vegetale, divennero sedentari coltivatori della terra, dando vita ai villaggi che, intenti a mantenersi autonomamente, prefigurano, sia pure da lontano, quanto poi saranno i paesi e le città). *Il secondo periodo*, quando, nel Vicino Oriente (3500 a.C. circa), nella zona fluviale della Mesopotamia furono inventate le arti fondamentali delle civiltà avanzate: la scrittura, la matematica, l'architettura monumentale, le regole necessarie a scrutare il moto degli astri, i templi e, soprattutto, *l'arte del governo regale*.

mondo dall'alto della sua mente e, nel dare "ordine" alle cose, le salva dall'oscura forza del Caos che, lasciato a sé stesso, le distruggerebbe[19].

I fatti narrati dal Mito sullo scontro tra Tiamat e Marduk si trovano in un testo che proviene dalla biblioteca di Assurbanipal, re di Assiria. Questa la sintesi: il Dio Apsu, la Dea Tiamat e il figlio Mummu sono la trinità progenitrice di ogni altro dio messo in essere. In particolare, si dice di Tiamat che è "colei che diede origine a tutte le cose". Uno dei suoi figli è Ea, il padre di Marduk. Poiché i turbolenti figli generati da Tiamat disturbano i placidi sonni del padre Apsu, questi decide di distruggerli. Tiamat si oppone, ma Apsu non recede. Sì è però che il figlio Ea, avendo subodorato l'intenzione del padre, lo uccide, e s'impone al suo posto. Dopo di che sposa Damkina e ha da lei il figlio Marduk che Ea, il padre, è intenzionato a farne "il superiore a tutti gli altri dei". Questo, però, è possibile solo detronizzando Tiamat. La quale, a sua difesa, crea nel proprio grembo (generati da lei senza ricorrere all'uomo) ogni genere di mostri che, capitanati dal suo sposo Kingu, marciano con lei contro il figlio Ea. L'unico dio che può vincere Tiamat è Marduk. Il quale accetta di andare in guerra contro Tiamat a patto, però, che il padre Ea gli ceda il suo posto quale supremo padrone di tutti gli Dei. Il testo dice: "*di modo che qualunque cosa che sarà da me creata resti immutabile*". Tale e quale, come vedremo, il volere di Hammurabi nell'autoeleggersi "Vicario in terra del Dio Marduk".

Marduk, ingaggiata la guerra, riduce la nonna a "carcassa" e, non contento, come recita il testo, "le montò sopra e le spaccò il

---

[19] La lotta tra Tiamat e Marduk, tra Titani e Dei, è anche quanto ritroviamo in Platone: lo scontro tra il Corpo, zavorra titanica, e l'Anima, scintilla divina. Che, a ben guardare, è lo scontro tra il corpo della donna e la mente dell'uomo: l'uno, denigrato come *irrazionale*, l'altra, esaltata come *razionale*. (Che cosa buffa: l'*uno*, è la donna, e l'*altra*, è l'uomo. Ci sarebbe di che sorridere se la grammatica non fosse il risultato di una tragica vicenda!)

cranio con il suo spietato bastone. Poi le tagliò le arterie e fece sì che il vento del Nord portasse il sangue della dea in luoghi sconosciuti. E quando gli Dei videro ciò gioirono e lo ringraziarono".

Campbell, dal cui libro abbiamo tratto la vicenda, commenta: «Il lettore avrà riconosciuto lo schema dello scontro greco fra Titani e Dei, fra gli oscuri figli della dea-madre (generati dal suo stesso potere femminile) e i luminosi figli (generati dalla sua sottomissione alla fecondazione maschile). È il risultato della conquista del locale ordine matriarcale da parte di nomadi invasori patriarcali, e della loro rielaborazione della tradizione preesistente della fertile madre-terra. È anche un esempio di quel processo sacerdotale di *diffamazione mitologica* che è sempre stato utilizzato principalmente, ma non solo, dai teologi occidentali. Esso consiste semplicemente nel definire demoni gli Dei degli altri popoli e nell'attribuire ai propri Dei l'egemonia dell'Universo. [...] Nel presente caso il processo viene utilizzato per convalidare in termini mitologici non solo un nuovo ordine sociale, ma anche una nuova psicologia; in tal senso, dev'essere visto, non, come una semplice frode, ma come *l'imposizione di una nuova verità, come l'affermarsi di una nuova struttura del pensiero e del sentimento umani, proiettata in una dimensione cosmica*»[20]. (Op. cit. pp. 96-97. Il corsivo è nostro).

Se guardiamo all'autocelebrazione che Hammurabi fa di sé nel Codice che lo riguarda, è possibile constatare che, nella storia umana, là dove è in ballo la presa di Potere da parte del maschile, il "sacro" è "marchio di fabbrica". Come a dire: vuoi comandare su tutto in modo indiscusso? Afferma di essere un Dio. O comunque vedi di presentarti come un suo sostituto. Che è quanto leggiamo nel Codice del "divino" Hammurabi. Il testo, nel tratto

---

[20] Feuerbach sostiene che sono gli uomini a creare gli Dei e non, viceversa! Affermazione che egli spiega e sintetizza nell'aforisma *homo homini Deus est*. Mentre, per la tradizione ebraico-cristiana, l'uomo ha in sé il divino, a cui vi partecipa in quanto creato "a immagine e somiglianza di Dio".

che prendiamo in considerazione, incomincia affermando che Marduk, il Dio patrono della città di Babilonia, ha ricevuto da Anu (il dio del firmamento) e da Bel (il dio della montagna cosmica) la sovranità su tutti i popoli della terra. Al leggere i molteplici attestati che esaltano la originaria e unica sovranità attribuiti al Dio Marduk, c'era da aspettarsi che fosse Lui, il Dio patrono di Babilonia, a investire di potere divino il Re Hammurabi! E invece non è così. Infatti Hammurabi, parlando del proprio potere, *afferma che, anche lui, come il Dio Marduk*, è stato eletto direttamente dagli Dei primordiali Anu e Bel. «A quel tempo Anu e Bel affidarono a me, Hammurabi, il pio principe, il devoto degli Dei, chiamandomi per nome, il governo della giustizia sulla terra, per combattere il malvagio e il cattivo, per impedire al forte di opprimere il debole, *per regnare come il sole sulla razza umana*, per illuminare la terra e per assicurare il bene del genere umano». (Campbell Op. cit. p. 91. Il corsivo è nostro).

Va tuttavia precisata una differenza, ed è quella che vi è tra il "farsi Dio" da parte del Faraone e l'essere "mandato da Dio" come suo Vicario in terra, quale è appunto il caso di Hammurabi. In Egitto, il Faraone è Dio (e al contempo Sacerdote) e, come tale, il potere sovrano se lo conferisce da sé. Diversamente da quanto avviene ai sovrani che sono al servizio del Dio, i quali ricevono sì il potere da Lui, ma passando attraverso l'unzione e la benedizione delle mani "consacrate" del Sacerdote. (Come capitò perfino al Re dei Re, il persiano Ciro, che fu salutato dagli ebrei come "l'unto di Yahweh", lui che professava di essere invece al servizio di Ahura Mazda, il Dio dei Persiani)[21].

A proposito dell'autocelebrazione di Hammurabi, Campbell osserva: «Qui la formula è già quella dell'abituale stato tirannico orientale, dove il ruolo del monarca, ottenuto con mezzi umani, è

---

[21] Si noti bene: il fatto di mettere Ciro al servizio di Yahweh non fu una operazione di poco conto. Perché, una volta che il mondo è totalmente nelle mani del proprio Dio, comunque vadano le cose, la vittoria finale è sempre del proprio Dio, e giammai del Dio dei propri avversari.

rappresentato come una manifestazione della volontà e della grazia del creatore e sostenitore dell'universo. Pietà, giustizia e interesse per il benessere del popolo garantiscono il suo diritto al regno. E l'astro celeste cui il monarca è ora collegato non è più l'argentea luna, che muore e risorge, che è luminosa e oscura, ma il sole dorato, la cui luce è eterna e scaccia ombre, demoni, nemici e ambiguità. Così ha inizio la nuova era del Dio Sole cui seguirà un interessante e (da un punto di vista mitologico) confuso sviluppo (noto come "solarizzazione"), che rovescia l'intero sistema simbolico precedente, assegnando la luna e il toro lunare alla *mitica sfera* del femminile, e il leone, il *principio solare*, a quella del maschile». (Op. cit. p.91-92. Il corsivo è nostro).

Come si vede: *l'arte del governo regale, il mito dell'eroe* e *la sacralità del Potere* coincidono, e sono unicamente proprietà del "maschile". Dentro quest'ordine di idee, non è tanto il Dio Marduk a conferire il potere al Re, quanto piuttosto è il Re che conferisce il potere al Dio!

Ciò che sopra abbiamo detto è in linea con "Il mito della nascita dell'eroe" di Otto Rank. Tenendo tuttavia presente l'appunto critico che Campbell gli muove, dicendo cioè che egli sottostima la *forza cosmologica* di cui è carico quel mito. Rank, infatti, afferma che lo schema entro cui si articola la nascita mitica dell'eroe è paragonabile a quello di un certo tipo di *fantasia nevrotica* in cui l'individuo si inventa la propria nascita da stirpe regale e che, abbandonato dai genitori, viene allevato da povera gente, per ritornare poi al suo vero stato di nascita e punire i responsabili del suo abbandono. Campbell trova che un tale schema "psico-favolistico" è piuttosto riduttivo. «L'intero schema di quel Mito rientra bene nei riti e nelle arti della vita agraria, diffusi in tutto il mondo, e di conseguenza non può essere trattato come un insieme di fantasie prodotte, indipendentemente, da un certo tipo di stato mentale individuale. Ci si potrebbe anzi chiedere se tale stato morboso non sia una *funzione* della leggenda piuttosto che una sua causa; infatti, la leggenda presenta una *discesa dal piano cosmologico* a quello individuale. Produce pertanto una forma di meditazione inferiore, ossia, invece dell'estinzione dell'*ego* nell'immagine di un dio (identificazione mitica), vi è esattamente l'opposto: un'esaltazione dell'ego in quello di un dio (inflazione mitica), la quale è stata la malattia cronica di tutti i dominatori che cercarono (attraverso l'arte di manipolare gli uomini) di assumere il ruolo degli Dei incarnati, pur cercando di salvare il collo dalla doppia ascia[22]. Questa duplice esigenza portò a liberare la monarchia dal dominio sacerdotale e celeste, a trasformare lo stato religioso (ieratico) in uno politico (dinastico) e dare inizio a un'epoca in cui il principale obiettivo dei re diventò non la conquista di se stessi, ma del mondo». (Op. cit. p. 90).

Come si vede, siamo di fronte alla "de-politicizzazione" del femminile ad opera del "sacralizzato" potere politico in mano solo al maschile. Per rendercene conto non resta che guardare all'interpretazione della Storia che ci viene illustrata da Giambattista Vico quando parla del succedersi delle tre Età: quella degli Dei, quella degli Eroi e quella degli Uomini. La prima, dominata dai *sensi*; la seconda, dalla *fantasia*; la terza, dalla *ragione tutta spiegata*. Egli afferma che l'Età degli Eroi ebbe inizio quando le associazioni umane, per difendersi dagli aggressori, furono costrette a darsi dei capi tribù: l'*autorictas patres*. Autorità che si rese necessaria tanto a tenere a bada i dissensi interni al gruppo, quanto a rendere compatta l'azione della tribù nell'aggredire gli avversari. A tale scopo venne

---

[22] La doppia ascia da un lato porta "morte", dall'altro produce "vita". Ciò che va sottolineato è che là dove, nelle rappresentazioni, prevale l'immagine materna (come si vede nell'anello-sigillo miceneo: *la Dea dalla doppia ascia*, 1550-1500 a.C. ca.) anche il dualismo di vita e di morte si dissolve in un abbraccio consolante. I mondi della natura e dello spirito non sono separati. E, come già accennato, si nutre un'implicita confidenza nella spontaneità della natura, sia nel suo aspetto negativo, mortale, sacrificale (il leone e la doppia ascia), sia nel suo aspetto produttivo e riproduttivo (il toro e l'albero).

40

elaborato *il diritto dell'eroe*, diritto eroico, fondato sulla forza, e che è sacro, in quanto *"solo il sacro può tenere a dovere la forza"*. Di qui, l'impianto sociale fondato sulla sacra (e perciò indiscussa) autorità del maschile: i capi tribù.

Abbiamo accennato a Vico per dire che il suo modo di guardare all'Età degli Eroi finisce con il ridurre l'*intera storia* umana alla storia "naturale" del genere maschile. Il quale, proprio perché è visto come l'*intera natura*, butta *di necessità* il potere politico del femminile *nel nulla*. A conclusione di un discorso storico che pretendeva di essere "razionalmente disciplinato"!

CAPITOLO TERZO

NELLA TERRA DEI GRECI

Premessa

Non è possibile parlare a dovere della Grande Dea nella terra dei greci senza vederla legata all'avvento della Polis che fece di lei soltanto la Consorte del Dio del Cielo, l'olimpico Zeus. A voler parlare della Polis in Grecia le cose da dire sono molte. Ne scegliamo alcune.

Nei libri di storia, quanto si parla della fondazione della "democrazia" in Grecia, è detto: «Clistene, al posto delle quattro tribù personali (o genetiche o gentilizie), introdusse le dieci tribù territoriali in cui l'appartenenza alla tribù non dipendeva più dal rapporto personale e familiare, ma dalla *residenza*. Il territorio dell'Attica era cosparso da un gran numero di "centri diversi". Sono i *demi*, cioè le piccole comunità, i villaggi che, come tali; preesistono naturalmente alla riforma clistenica, innovatrice per il fatto di averli trasformati nelle cellule vitali della nuova struttura politica». (Domenico Musti, "Storia Greca", Laterza, Milano 1989, p. 273). Democrazia, quindi, significa il *potere dei demi*.

Il miracolo politico con cui la Grecia ha illuminato il mondo è "l'Autogoverno": il passare dal concetto di abitante, o suddito, a quello di *cittadino*. Il che portò a distinguere la vita privata, in casa, dalla vita pubblica, in città. In modo che l'utile personale non andasse a danneggiare il conveniente a tutti. L'Autogoverno presuppone la Democrazia, e la Democrazia è innanzitutto "metodo". Stando al quale, prima di deliberare le scelte che riguardano la collettività, vi deve essere il dibattito delle opinioni da parte di tutti i cittadini.

43

Da notare che la *previa* consultazione del cittadino è un diritto politico che gli è dovuto in quanto egli è la *fonte* del "potere di rappresentanza" che ha chi, da lui, è stato eletto. E per quanto la Democrazia venga ridotta a becera "mediocrazia", la consultazione del cittadino è pur sempre *parte essenziale* dell'atto di governo. Appunto in virtù della costitutiva natura di quell'atto, che comprende sia la consultazione dei cittadini che il potere decisionale delle Maggioranze e il potere di controllo delle Minoranze.

Ma oggi in Politica *mala tempora currunt*, e gli strumenti tecnologici che potrebbero essere un servizio eccellente per la previa consultazione del cittadino, servono invece a ridurre la sua scelta a *puro consenso* di decisioni prese da parte di partiti che vivono solo di sé, sempre più alieni da ogni obbligo preventivo di reale comunicazione al cittadino.

A dire il vero, neanche nella terra dei greci il dibattito dei cittadini nell'Agorà (la piazza centrale della città) aveva un'influenza decisiva nelle scelte politiche della Polis. In quanto chi deteneva il Potere era il gruppo dei "migliori" (gli *aristoi*), i quali, prima di scendere in piazza tra la gente, deliberavano a parte nell'Areopago (la rocca dei guerrieri padroni) le sorti dell'intera città. Comunque dobbiamo essere grati alla terra dei greci per aver affermato il principio che non vi è né democrazia né legittimità di potere se, in essa, le scelte fatte a Palazzo non passano attraverso la *previa consultazione* dei cittadini[23].

---

[23] Va anche tenuto presente che, nonostante l'alto grado di civiltà civica a cui erano pervenute le poleis greche, quando si parla dei cittadini riuniti in piazza, non vi sono tra loro le donne, gli schiavi, i bambini e i poveracci in genere. E, inoltre, che spesso i cittadini in piazza venivano usati dal potere di questo o quel tiranno per far fuori i propri avversari politici (vicenda che perdura anche ai nostri tempi). È pur vero però che, alla fine, i cittadini, nella gestione delle loro assemblee popolari, pervennero a una forma di azione preventiva (l'ostracismo) contro chiunque desse segni di voler diventare il tiranno in città. (Che poi l'ostracismo sia diventato lo strumento

Nella storia della Grecia si è soliti distinguere la civiltà "minoica" da quella "micenea", specificando il ruolo diverso che aveva il potere del Sovrano a Cnosso, rispetto al potere che il Sovrano aveva a Micene. Infatti, mentre a Cnosso (nell'isola di Creta) egli era al contempo "Re e Sacerdote" insediato dentro il *Grande Palazzo*, invece in Grecia, a Micene (e poi anche ad Atene), era soltanto il "Re" arroccato dentro l'*Acropoli*[24].

Una tale distinzione non vuol dire che i Santuari fossero una "realtà senza mondo", o che non venissero affidate anche a loro le sorti delle poleis. Si pensi all'incidenza che avevano gli oracoli del Dio Apollo nella vita pubblica e privata di sudditi e di monarchi. Tanto è vero che, sia i sacerdoti che le sacerdotesse, erano dei veri e propri consiglieri di Stato. E le Anfizionìe (leghe di città che avevano in comune il culto della medesima divinità) possedevano sia *potenza* di denaro quanto *capacità* di aggregazione sociale. Ma va anche detto che mai quelle "confraternite" si sarebbero permesse di entrare a dettar legge in un "Parlamento" politico, o di avere in esso delle proprie lobby religioso-politiche, come invece avviene ai nostri giorni.

Siamo così giunti a un difficile rapporto, e cioè quello tra Religione e Politica (entro cui includere altri difficili rapporti che a quello sono attinenti e contigui). Non ne parliamo perché un tale discorso ci porterebbe tanto lontano da andare fuori strada.

---

per fare del proprio avversario un tiranno da espellere, non dice "mancanza di potere", ma che il cattivo uso di qualunque cosa è sempre possibile).

[24] A proposito dell'Acropoli di Atene, va messa in rilievo la sua provenienza "sacra". In quanto essa, simbolo del potere politico (del monarca e dei suoi pari), sorse sul luogo dove un tempo si trovavano i templi dedicati agli Dei protettori della città, capeggiati dalla Grande Dea, la Madre Terra. Da notare, tuttavia, che nella terra dei greci, nonostante la sacra provenienza delle Acropoli, quella che oggi, da noi, va sotto il nome di "separazione tra Chiesa e Stato", era saldamente garantita, in quanto (rispetto all'*Acropoli* e all'*Agorà*), i *Santuari* (le Chiese) avevano le loro sedi in territori autonomi, lontani dalla Polis. E poiché non facevano parte di nessuna Polis, vivevano della propria sacra neutralità.

Vedremo invece, nei paragrafi che seguono, il rapporto esistente tra la *razionale* esigenza dell'azione politica, e la *mistica* esigenza della vita religiosa. Specialmente nei paragrafi intitolati, l'uno, *La Grande Dea Hera, consorte di Zeus*, l'altro, *La Grande Madre Demetra, il notturno Dioniso e il solare Apollo*. In sostanza si tratta della differenza che vi è tra la "religione di Stato" e la "religione dei Culti iniziatici". Tenendo presente che, tanto nei Culti iniziatici come nella religione di Stato, sempre di fede e salvezza *rituale* si tratta. Anche se è vero che le pratiche dei Culti e il sapere dei Miti immergevano l'iniziato in una esperienza personale completamente ignara alla religione di Stato.

La Grande Dea Hera, consorte di Zeus

Gian Carlo Benelli, nel libro da noi citato, scrive: «Il sorgere e l'affermarsi del Razionalismo greco rappresenta una frattura nella cultura preesistente, la cui mitologia era dominata dall'*unità del Tutto*. Esso respinge quindi nella penombra la grande figura femminile che esprime in termini mitici la percezione di tale realtà [...]. Per conseguenza la figura femminile ha due alternative: retrocedere al sussurrato di una cultura subalterna, da dove può tutt'al più emergere come *topós* letterario; o assumere un *ruolo compromissorio* nel nuovo pantheon». (Op. cit. p. 96).

In questo paragrafo vedremo la Grande Dea Hera relegata al ruolo compromissorio di semplice "consorte" del Dio. Ma per comprendere sia il venir meno della totalità del potere "sacro" della Grande Dea, che il permanere del suo inestinguibile potere, bisogna tener presente la diversità che vi è tra la sua matriarcale natura e quella patriarcale di Zeus. Lei, la madre della Totalità. Lui, il padre della Distinzione. Nel regno cosmico della Grande Dea, Cielo e Terra sono tutt'uno. Nel regno olimpico di Zeus, Cielo e Terra vengono divisi, al punto da essere *irrazionale* quanto viene partorito dal seno della Madre Terra, e *razionale* solo ciò che ha in sé i connotati della "divisa mente" del Dio del Cielo.

Il paragrafo, dunque, si svolge in due direzioni. L'una, a dire la ridotta condizione a cui pervenne la totalità cosmica della Grande Dea quando venne relegata al ruolo di "consorte di Zeus"; e l'altra, a vedere il suo inestinguibile potere (il femminile che non muore mai) nelle molteplici Dee femminili che la mente maschile del Dio del Cielo aveva "diviso" e che, tuttavia, pur essendo un femminile frammentato, rimase ugualmente inestinguibile e potentissimo.

Va soprattutto tenuto presente che *il femminile non muore mai* perché è la sua ontologica natura a volerne la sua eterna presenza, mentre invece, dice quanto sia assurda e insensata la pretesa della razionale mente maschile del Dio del Cielo, il quale, in un mondo in cui tutto è relazionato, vuole che il femminile sia "diviso e frammentato".

Domandiamo scusa al lettore se parliamo di dee e di dei come fossero persone umane viventi. Ma è pressoché impossibile pensare che le loro storie non siano anche le nostre. Ed è in virtù di un tale modo umanizzato di vedere le cose che ci permettiamo di fare delle supposizioni anche nelle scelte degli Dei. E tra le tante supposizioni, anche quanto segue. Forse la Grande Dea Hera ha accettato il compromesso di essere semplicemente la "consorte di Zeus" per due ragioni: la prima, è che vedeva nella stabilità istituzionale del matrimonio la possibilità ancora di un ricupero della sua perduta totalità; la seconda, è che riteneva di non subirne uno scacco irreparabile, visto che, come per gli uomini così anche per gli Dei, maschile e femminile sono solo aspetti di un'unica realtà.

Che Hera, benché piegata al volere di Zeus, sia ancora la Grande Dea, non ci sono dubbi[25]. Si legga ciò che scrive Benelli nel suo libro *Il mito e l'uomo*. «Zeus venne soltanto più tardi, e giunse al proprio ruolo o per eventi storici che fecero maturare un'ideologia (quella olimpica) funzionale al potere politico, o per sovrapposizione di due figure: la sua e quella di Herakle. [Herakle, come dice il nome, deve la sua fama ad Hera, la quale si

---

[25] Apuleio ne *L'asino d'oro* elenca i molteplici nomi in cui viene chiamata, nei vari popoli, la Grande Dea. Chi parla è Iside che si rivolge al suo iniziato Apuleio (150 d. C.). «Per i Frigi sono nota come Pessinunzia madre degli Dei; per gli ateniesi come Minerva Cecropia; per i Ciprioti come Venere Pafia; per i cretesi come Diana Dictinia; per i siciliani, come l'infernale Proserpina; per gli eleusini come Cerere; altri mi chiamano Giunone (Hera), altri, Bellona, Ecate, Ramnusia… Per gli etiopi e gli egizi io sono nota con il mio vero nome, Iside». (Citato da Campbell in *Mitologia Primitiva*, Oscar Mondadori p. 75).

48

prese cura di lui fanciullo, chiamato ad essere immortale]. Anche Zeus inizialmente, nel mondo minoico-miceneo, doveva essere null'altro che un fanciullo divino adorato, come tale, a Creta, accanto alla Grande Dea. Lo Zeus patriarcale dell'Olimpo classico, dio del fulmine e re degli dei, dovrebbe perciò considerarsi, nell'ipotesi della sovrapposizione, un portato della "invasione dorica" che sovrappone un proprio Dio uranico a uno Zeus cretese come dio-fanciullo subordinato alla Grande Dea». (Op. cit. pp.102-103).

Questo perché, *elemento essenziale* nella natura della Grande Dea, era quello di accompagnarsi ad un maschile che, anche se adulto, le fosse comunque paredro, cioè un maschile da far crescere-e-morire, come vuole il "destino" di un femminile che non muore mai, in quanto questa e non altra è la condizione umana! Un destino che non ha nulla a che fare con il dominio della donna sull'uomo, poiché un tale stato di cose non è simbolo o raffigurazione di quanto avviene nell'universo, ma *la stessa natura cosmica* del mondo[26].

Abbiamo accennato ai tanti nomi della Grande Dea, la Terra Madre, per meglio dare evidenza ai molti modi in cui la sua cosmica natura si trova frammentata e dispersa nel regno olimpico del Dio del Cielo, il saettante Zeus. Non resta che vedere i *simboli* che la fanno presente, e le molte *figure* divine in cui si trova dispersa. La *montagna*, luogo sacrale dove la terra incontra il cielo atmosferico, e dove le grotte, gli anfratti, le sorgenti, la foresta parlano della sua catactònia - e quindi misteriosa - fertilità. L'*albero* che, nel rigenerarsi delle stagioni, non solo dice la sua perdurante fecondità, ma anche quel mondo vegetale che contiene le erbe officinali che, ritualmente raccolte, danno salute alla vita. La *melagrana* che, quale "mondo" colmo di semi, dice quanto sia vitale la natura della Terra Madre. E, soprattutto, l'*acqua* e la *luna*. L'acqua, che nel sorgere dalla terra dice tanto l'effluvio

---

[26] Si veda, al proposito, quanto abbiamo detto della Grande Dea Inanna e del suo figlio Dumuzi.

della vita nello zampillare della sorgente, quanto la morte dello stagnante Stige che accoglie negli inferi le ombre umane dei corpi viventi. E la luna. L'ondeggiante luogo della anime. Luogo di transizione tra il materiale e lo spirituale, dicevano i neoplatonici. Simbolismo lunare che è indissolubilmente legato a quello del serpente che, con la muta annuale della pelle, incarna il processo di morte-e-rinascita, la cui ciclicità è evidente nella figura di *uroboros*, il serpente-drago che si chiude in circolo sulla propria coda[27].

Abbiamo nominato il serpente, ma alla grande Dea s'accompagna anche il toro, il cervo, la colomba, per non parlare delle sue vicende vaccine. Il cervo resterà legato ad Artemide, la colomba, ad Afrodite. Un'annotazione questa che ci introduce a parlare della miriade di dee maggiori e minori in cui la totalità della natura cosmica della grande Dea si trovò frammentata e dispersa nel regno di Zeus.

Se nella terra dei greci si esclude il potere legislativo in mano al tonante Zeus, e la parte di ideologo svolta dal suo solare figlio Apollo[28], tutte le altre funzioni appartengono al Femminile. Con a capofila Dike e le sue ministre, le implacabili Erinni. Dove vediamo che, mentre métis, la sapiente grazia del tempo opportuno, è in mano ad Athena, invece la "giustezza", come

---

[27] Il serpente è figura ctonia legato alla Grande Dea e, quale simbolo funerario e di fecondità, egli è il depositario della sapienza che concerne il fondamento stesso dell'esistenza. Poiché nella Grande Dea l'aspetto cataptonio, terrificante, e l'aspetto fecondo sono sempre collegati, vengono in essi implicati i due aspetti della sessualità: il femminile e il maschile. Diversamente da quanto è avvenuto nel regno del Dio del Cielo, in cui quei due aspetti sono stati separati nella spiritualizzazione dell'eros di cui è depositaria Afrodite. Che, tuttavia, conserva nella sua nascita l'ambivalente natura terrificante e benefica della Madre Terra. Essa infatti nasce dalla castrazione di Urano *contemporaneamente* alle Erinni.

[28] Nel prossimo paragrafo vedremo che a Delfi il dio oracolare Apollo vi è come un intruso sopraffattore che si è installato nei luoghi della Grande Dea dopo aver ucciso il serpente-femmina Pythòn.

sapienza originaria (che non può possedersi senza essere nella giustezza cosmica del Tutto), appartiene a Dike. Il motivo per cui anche Zeus (un Dio nato dal Tempo e nel tempo), nulla può contro Anànke, la "fatale" necessità che avvolge la totalità del cosmo, e che è tutt'uno con l'inestinguibile sapienza di Dike, la dea Giustizia. Specialmente quando essa si esprime con la Moira, o con le Parche, o viene custodita nelle gelide acque sotterranee dello Stige.

Femminili restano anche le grandi divinità della natura, prima di tutte Artemide, signora degli animali e della piante. Femminile è Afrodite, il cui simbolo è il candore della bianca colomba. Dea che presiede ai legami amorosi tra gli esseri umani, i quali sono figli del desiderio che, essendo desiderio di desiderio, mai si consuma. E tuttavia vivono destinati a morire, il che rende ancora più agognato e bruciante il desiderio che mai si consuma. Tanto gli uomini che i demoni sanno quanto è presente nel mondo Afrodite[29]!

Che tuttavia le donne, nella terra dei greci, non abbiano alcun potere politico lo dice, in modo evidente, Athena. La quale, per

---

[29] Un elenco del femminile che non ha fine. Mnemosýne, la sapiente memoria della totalità dell'origine. Leto, la Grande Dea che subì le gelosie di Hera. (Da Leto nacque Apollo che la sostituì nel ruolo oracolare). Artemide, sorella di Apollo, accanitissima vergine con la particolare propensione ad assistere le partorienti. (Dea che tra i romani prese il nome di Diana, dea della notte e della caccia). Femminile è Hekate, la dea di un sapere oscuro, intuitivo e onirico. Lato oscuro che la razionalità della mente maschile ha ridotto soltanto a "regina degli spettri" e a "dea delle streghe". «Cancellando così gli aspetti benefici, materni, fecondi del grembo oscuro della Phýsis, dal quale proviene il sapere notturno, umido, onirico, animico, che è coscienza della totalità». (Benelli. Op. cit. p.134). Tra le femminili divinità minori vi sono le Muse e le Ninfe. E poi ancora, le mistagoghe Kirke e Kalýpso. E la terrificante Medusa, regina delle Gorgoni. Medusa, il cui sguardo muta gli uomini in pietre. Divinità tragicamente ambigua, in tutto simile alla Dea nera Kalì, che con la mano destra reca doni e con la sinistra stringe una spada sempre rossa del sangue che beve da tutto ciò che ha fatto nascere. Ma a parlarne, un intero libro non basterebbe.

amore della sua "patria", è sempre in battaglia, ma che in città può solo essere la dea protettrice di "scienze e arti", e non certo in quanto donna, ma perché è nata "armata di tutto punto" dal cervello di Zeus.

Ma vediamo di parlare direttamente di Hera, la Grande Dea consorte di Zeus. Kerényi afferma che essa divenne la "figura archetipa di sposa". Definizione a cui dobbiamo aggiungere l'attribuzione "fedele". Fedeltà impostale dall'Istituzione-famiglia che ha da essere concepita nel modo voluto dal Dio maschile, e cioè tale da non mettere in dubbio, in essa, il dominio del padre sulla madre, dell'uomo sulla donna. Fedeltà di sposa che, pertanto, non ha nulla a che fare con l'avere "potere politico" perché, nel Regno di Zeus, la regina ha da essere una donna senza potere dato che, in quel regno, solo l'uomo ha potere di legiferare. È quanto afferma Kerényi: «il mondo greco è fondamentalmente un mondo solare, benché al suo centro non si trovi il sole, ma l'uomo[30]». (*Vater Helios*, Eranos-Jahrbuch 1943, Zurigo 1944, p. 83). In conclusione, il fedele legame di sposa della grande Dea Hera aveva la funzione di fondare e santificare il rapporto di

---

[30] L'uomo *maschio* s'intende. Al riguardo, neppure l'incarnazione del Dio dei cristiani ha cambiato le cose. Sappiamo con che veemenza San Paolo non conceda alla donna, nella Chiesa di Dio, alcun potere di governo né di dottrina. (Essendo, in questo, fedele esecutore della condanna che Yahweh ha inflitto alla donna dopo il peccato d'origine: "e lui [l'uomo] ti dominerà!"). E mentre nel "mondo sacrale" della Madre Terra, microcosmo e macrocosmo sono tutt'uno, nel "mondo sacrale" del Dio del Cielo, invece, essendo retto a "razionalità duale", la reciprocità riflettente tra l'individuale e l'universale viene spezzata, separando il Cielo (il Sacro) dalla Terra (il Profano). Non solo. Vi è anche una divisione all'interno della stessa sfera del "sacro", in quanto da una parte, vi sono le divinità convenienti alla *razionale vita* dello Stato, dall'altra, le divinità convenienti alla *mistica esistenza* delle Chiese. Nulla di male in ciò! Sì è però che, allorquando la distinzione si fa separazione, e la separazione si fa sottomissione, ciò che s'instaura è il dominio di una parte sull'altra. E, in questo, la condizione umana scompare.

coppia nella stabilità istituzionale del matrimonio. Poco importa se lo Sposo Zeus fosse un insaziabile libertino!

Ma forse, rispetto a quanto abbiamo detto sopra, più appropriatamente si dovrebbe dire che, nella terra dei greci, al centro della vita non vi è solo l'uomo, ma l'uomo e la "sua casa": il Patrimonio. Da conservare e consolidare mediante il Matrimonio. Secondo quanto richiedeva la regolamentazione della casa: l'oikonomìa.

Per meglio illustrare ciò che stiamo dicendo, non resta che guardare al legame matrimoniale che vi è tra Ulisse e Penelope nell'Odissea di Omero. Ulisse infatti, benché incarnasse il destino dell'eroe, ne aveva anche un altro, ancor più radicato e profondo: l'obbligato "ritorno" a casa.

Vi è però una differenza tra l'Ulisse di Dante e l'Ulisse di Omero. Infatti, mentre l'Ulisse di Dante è il "viandante" che *mettendo sé* per l'alto mare della vita fa dell'ex-si-stere umano un *essere-esperienza* (la sua vita cioè è l'ex-per-ire sempre in atto), l'Ulisse di Omero, invece, è il "pellegrino" che, avido di *fare esperienza* di tutto ciò che, come "dato", l'universo contiene, alla fine, allo stesso modo che dalla sua casa è partito, alla sua casa ritorna. Onde poter dare, in virtù di quanto ha appreso girando il mondo, un maggiore splendore e potenza di validità al suo patrimonio (l'isola di Itaca), una più consapevole educazione al figlio Telemaco, e la felicità dovuta alla fedeltà della sposa, la regina Penelope.

Che è poi, pari pari quanto si narra, prima che nella terra dei greci, in quella dei Sumeri. A riguardo di un altro uomo eccellente: il "divino" Gilgamesh. E benché tra i due sia diverso l'oggetto in cui cercare eccellenza (l'immortalità per Gilgamesh, il sapere universale per Ulisse), la conclusione, dopo tanto cercare, è uguale per entrambi. Vediamo come. A parlare è la mistagoga Siduri:

«O Gilgamesh, dove corri?
La vita che cerchi, non la troverai.

Quando gli dei crearono l'uomo,
gli assegnarono in sorte la morte,
riservando per sé la vita.
O Gilgamesh, riempiti il ventre,
sii lieto giorno e notte;
fa di ogni giorno una festa,
danza e gioca, giorno e notte!
Tieni pulite le tue vesti,
lava i capelli e il corpo.
Cura il bambino e tienilo per mano,
rendi felice la tua sposa,
perché questa è la sorte dell'uomo!»

Come si vede, del matrimonio e della famiglia quali strumenti di una ordinata esistenza, se ne parlava allora allo stesso modo che se ne parla adesso. Quanto a noi, per meglio evidenziare ciò che stiamo dicendo, riteniamo opportuno rifarci a quello che capitò un giorno al veggente epico Tiresia. Una vicenda mitica che, a prima vista, può sembrare di poca importanza, mentre così non è. Proprio perché quel mito, nel parlare di "maschile" e "femminile", non, di due generi parla, ma di "due lati che sono uno", vissuti da un'unica persona: Tiresia, appunto.

Del quale si narra che, mentre camminava tutto solo in un bosco, s'imbatté in due serpenti copulanti. E avendoli colpiti con il bastone, si trovò, in forza di quel gesto, ad essere "donna". Dopo sette anni, si ripete la stessa scena, e Tiresia ritorna ad essere "uomo". Or avvenne che, in uno dei tanti battibecchi tra Zeus ed Hera, i due avessero un parere discorde circa il piacere che uomo e donna provano nell'orgasmo. E poiché Tiresia era stato e uomo e donna, si rivolsero a lui. Il verdetto di Tiresia così suona: la donna nell'orgasmo prova nove volte più piacere dell'uomo. Hera, la fedele sposa di Zeus, vedendosi ridotta, da una tale sentenza, a incontenibile femmina sgualdrina, per vendetta lo acceca. Un cieco che Zeus ricompensa facendo di lui un indovino *vivo* nella terra, tutta larve, dei morti.

A ben vedere, quanto viene significato in questo banale battibecco tra marito e moglie è oltre la farsa. I due serpenti che si accoppiano rappresentano la forza creatrice che agisce in tutte le coppie di opposti: maschile/femminile, vita/morte, vero/falso, bene/male. La concezione arcaica, precedente a quella di Zeus e della consorte Hera, riteneva che il mondo fosse proprio la "coincidenza degli opposti", ovverosia coincidenza di aspetti differenti racchiusi in una più ampia e unica realtà. Tiresia, figlio della concezione arcaica, quanto alla vita e al senso della vita, conoscendo entrambi i lati, il maschile e il femminile, ne sapeva, quindi, più del Dio del Cielo e di Hera sua moglie[31].

Dopo quanto abbiamo detto sopra nei riguardi degli dei olimpici "dello Stato", se vogliamo incontrare "il femminile che non muore mai", dobbiamo allontanarci dai luoghi "sacri" al Potere politico maschile e visitare i "luoghi" dove gli uomini cercano Salvezza. Dobbiamo cioè abbandonare la Grande Dea Hera e rivolgerci alla Grande Dea Demetra. Che, della prima, si mostrò più capace di tener fronte alle bizzarre voglie di Zeus. Hera, come abbiamo detto, per insediarsi a Palazzo, dovette accettare di essere la moglie sottomessa di Zeus. E a dire la debolezza del suo "comando" lo prova il fatto che ogni qualvolta

---

[31] La narrazione mitica di cui stiamo parlando ci mette in presenza di due concezioni tra loro contrarie: quella *solare*, propria della concezione razionale in cui le cose sono o "tutto ombra" o "tutto sole"; a differenza di quella *lunare* in cui l'oscurità non è l'opposto della luce in quanto, nella luna, luce ed ombra sono "compresenti". «La cecità di Tiresia è legata ad una sapienza di tipo lunare. È una cecità solo in rapporto al mondo solare, dove tutte le coppie di opposti appaiono distinte. E il dono della profezia corrisponde alla visione interiore, che penetra l'oscurità dell'esistenza. Ecco perché Tiresia proviene dal più profondo livello della cultura greca, muovendosi come una misteriosa presenza fra i personaggi di livello superiore [Zeus e Hera], fra quegli Dei e miti dell'Olimpo che si erano sovrapposti ai primi, senza però sopprimerli». (Campbell. Op. cit. pp.35-36). Che altro è, l'*esperire* umano, se non il camminare al *vespro* nel chiaroscuro tra la luce del giorno e il buio della notte!?

cercava di sostituire lo sposo, finiva sempre a piagnucolare ai suoi piedi, implorando da lui che le facesse giustizia contro questo o quel personaggio divino che aveva mandato a monte i suoi piani. Ma là dove Hera manifesta, in un modo ancor più appariscente, la propria debolezza, è la parte da lei avuta nella morte di Dioniso. Dioniso è il dio nato dall'unione extraconiugale di Zeus e la propria figlia Persefone, figlia sua e di Demetra[32]. Figlia che egli aveva ingravidata assumendo la forma di un enorme serpente. (Allo stesso modo che, sempre sotto forma di serpente, aveva fatto accoppiandosi all'amante Demetra).

Quanto avvenne alla morte di Dioniso lo dobbiamo alla tradizione orfica, per la quale la teogonica successione dei reggitori del mondo termina nel sesto e definitivo "regno di Dioniso". Secondo una tale tradizione, quando Hera intuì che Zeus voleva fare di Dioniso il nuovo e supremo sovrano di tutti gli Dei e di tutti gli uomini, chiese ai mostruosi Titani (la stirpe primigenia di Urano e Gea) di dilaniare il corpo del prescelto fanciullo. Zeus se ne accorse e li ridusse a un mucchio di polvere, della quale si servì per creare l'uomo. Ma in quella polvere vi erano ancora resti del corpo di Dioniso che i Titani avevano divorato. Ed è il motivo per cui, dice la tradizione orfica, nell'uomo stanno insieme il corpo titanico e la "scintilla" divina chiamata "anima". La quale, mediante appropriati riti (i sacri "misteri"), non solo può essere individuata, ma anche redenta, fino al punto da ridonare a lei la sua divina ed eterna natura.

---

[32] Demetra è la Grande Dea che ha sostituito Hera. Ciò che va tenuto presente è che Demetra, divenendo la Madre-Regina dei culti iniziatici, ebbe, lei, l'amante, infinitamente più incidenza nella vita dei greci che non la Consorte Hera. Da notare ancora che, prima dell'avvento di Hera, sposa di Zeus, la Grande Dea, la Madre Terra, era stata la Sposa del Serpente, e poi Consorte del Toro. Unione cosmica, questa, che non ha nulla a che vedere con il rapporto coniugale tra uomo e donna, e tanto meno con i tradimenti del marito Zeus nei confronti della fedele sposa Hera.

Hera comprende che, venendo meno il regno di Zeus, viene meno anche il suo ruolo di consorte regina. In quanto nel regno di Dioniso, incurante dell'ordine e della stabilità da dare allo Stato, l'istituzione matrimoniale (di cui lei è la divina garante) verrà confinata in un ruolo assai secondario. Di qui la sua ira deicida contro Dioniso, figlio di Zeus e di Persefone, figlia della sua diretta avversaria, la Grande Madre Demetra. La conclusione di questa vicenda sta in quello che abbiamo detto sopra, e cioè, se vogliamo incontrare il "femminile che non muore mai", lo dobbiamo cercare nel mondo visto e vissuto nella vita dei Culti iniziatici. Per cui possiamo anche sostenere che, mentre la religione in mano al maschile è a sostegno della stabilità e ordine dello Stato, la religione in mano al femminile, invece, è a sostegno della speranza e salvezza per tutti.

Abbiamo detto che nella terra dei greci vi è distinzione tra gli Dei dello Stato e gli Dei della Salvezza. Come si constata in ciò che avveniva nei santuari di Eleusi e di Delfi. Oggi diremmo che ad Eleusi confluivano i *fedeli*, e a Delfi, i *cittadini*. Ad Eleusi, il "fedele" che cercava nel *Santuario* di Demetra e Dioniso (il "Dio dei misteri") la *mistica unione* con il Dio che garantisce eterna salvezza; a Delfi, invece, il "cittadino" che, nel *Tempio* di Apollo (l'eroe solare figlio del Padre Zeus) cercava il *dialogo* con il Dio dello Stato per sapere da lui come più opportunamente comportarsi nella vita pubblica e privata[33].

È evidente allora che, volendo cercare "il femminile che non muore mai", ci conviene andare ad Eleusi e, non, a Delfi. È inutile cioè cercarlo dentro i Santuari dedicati al Dio dei Palazzi, dove, anche nella "democratica" terra dei greci, è solo la mente maschile che può guidare e governare le sorti dell'uomo.

---

[33] Ad Eleusi, il fedele era chiamato a dare senso e significato alla vita dentro la ritualità sacra vissuta da una personale partecipazione e/o trasformazione; a Delfi, invece, il cittadino era unicamente chiamato a prestare un riverente omaggio al dio, omaggio necessario per avere da lui consigli e indirizzi di vita che fossero favorevoli.

La Grande Madre Demetra, il notturno Dioniso e il solare Apollo

Demetra, come ogni divinità iniziatica, racchiude in sé la Totalità. Quella totalità divina per cui non ha senso parlare né di un prima, né di un dopo di lei. Lo vediamo nelle parole che Iside (Grande Dea anche lei come Demetra) dice al suo iniziato Apuleio: «Io sono colei che è madre naturale di tutte le cose, signora e reggitrice di tutti gli elementi, progenitrice originale dei mondi, padrona dei poteri divini, regina di tutto ciò che sta agli inferi, prima di coloro che si trovano in cielo, aspetto uniforme di tutti gli Dei e di tutte le cose». Noi oggi parleremmo di millantato credito, ma è evidente che, qualora il Dio o la Dea di un culto iniziatico lasciasse intendere che l'unione con lui, o con lei, rimanda a una qualche altra divinità, non avrebbe più "fedeli". La salvezza di un Dio, ridotta a metà, distrugge se stessa.

Vediamo che ne dice James: «È incontestabile il fatto che Demetra era sì, indubbiamente, una dea greca, ma dietro a lei si celava la Dea madre minoica che originariamente presiedeva alla nascita e alla riproduzione della specie umana, animale e vegetale. Perciò anche se, molto presumibilmente, i suoi Misteri celebrati ad Eleusi traevano origine su riti imperniati sul grano, essi andarono tuttavia acquistando un significato più vasto e più profondo, e la Dea stessa copriva la parte della Dea Madre nelle sue molteplici attribuzioni che si estendevano al di là dei campi di grano». (Op. cit. pp. 78-79). Tanto "al di là", da essere salutata allo stesso modo della Grande Dea, la Madre Terra: "la Madre dei Viventi".

Abbiamo visto come il Dio del Cielo, l'olimpico condottiero Zeus, mai avrebbe potuto (*per la contradizion che n'ol consente*) essere il padrone della vita degli Dei e degli uomini, se a regnare con lui vi fosse stata una Grande Dea che non accettasse di essere a lui sottomessa come sposa. E fu, per gli uomini della Polis, un atto di estrema saggezza umano-politica l'aver tenuto a distanza, nel mondo degli Dei, gli addetti alla *storica stabilità* dello Stato da quelli addetti al bisogno di *eterna salvezza*. Concezione atta a rendere ben visibile la "separazione" che vi ha da essere tra l'Acropoli del potere politico e i Santuari della fede religiosa. Due concetti "differenti" che, nelle Poleis, ebbero sede e svolgimento in spazi nettamente distanti. E questo perché nella Polis (simbolo dell'autogoverno dei cittadini), qualora il Santuario dei fedeli si fosse identificato con l'Acropoli dei cittadini, e viceversa, ne sarebbe risultata una correlata perversione: la "Teocrazia", nel primo caso, e la "Statolatria", nel secondo. Due nomi diversi che dicono la medesima disastrata realtà.

La Dea Madre Demetra ebbe il suo primo Santuario ad Antela, alle Termopili. Santuario che riuniva a sé le popolazioni di tutta la Tessaglia. Una terra in cui le tribù delle aride alture montane erano costantemente in guerra con le tribù delle fertili distese in pianura. Una pianura dove le grandi proprietà dei signori terrieri, per farla da padroni, si legarono tra loro, dando vita ad una società agricola conservatrice che viveva all'ombra del grande Santuario riservato ai culti della benefica *Signora del grano*, la Dea Madre Demetra.

Come è naturale che sia, la città di Atene, quando si trovò ad essere il cuore dell'intera società greca, comprese di quanta utilità fosse, per la terra dei greci, che la Grande Madre Demetra, così universalmente venerata, trasferisse la propria sede dalla lontana Antela alla vicina Eleusi. Tanto vicina che la strada che congiunge Atene ad Eleusi divenne la *Via Sacra dei Misteri*.

Non si può comprendere in che consistesse l'*esperienza misterica* se non si conosce la divina vicenda vissuta dalla Grande Dea, la Madre Demetra. Pluto, il dio della ricchezza e del mondo sotterraneo, avendo visto Kore-Persephone, la figlia di Demetra, raccogliere fiori in un prato, se ne innamorò e la rapì, portandola a vivere nelle sue dimore. Demetra, irata e disperata, andò in cerca della figlia per ogni dove, reggendo in mano una torcia per illuminare i profondi recessi in cui avrebbe potuto cadere o venire nascosta e rinchiusa. Il suo furente dolore era così grande che più non concesse alla terra i benefici frutti di cui era la depositaria consacrata. L'Universo fu preda di una tale carestia da temere la fine. Demetra, travestita da vecchia, vagò nella sua ricerca fino a che giunse ad Eleusi, dove soggiornò in incognito nella casa del Signore del luogo. Ma la sposa del padrone di Eleusi, vedendo la vecchia ospite purificare col fuoco il suo bambino per renderlo immortale, riconobbe in lei la Grande Madre Demetra, con il tremore e lo stupore che possiamo soltanto immaginare.

Intanto Zeus, per non vedere perire il mondo, fece sì che Pluto restituisse alla madre la figlia. Pluto però, con uno stratagemma (e cioè, facendole mangiare la melagrana, il simbolico cibo dei morti), fece in modo che Kore-Persephone, liberata ad ogni primavera, ritornasse, nel periodo invernale, a vivere nell'oscurità del suo regno. Quando Demetra, riavuta la figlia, lasciò la città di Eleusi, chiese ai suoi abitanti di costruire un Santuario nel quale dovevano essere compiuti i riti che lei avrebbe insegnato ai suoi devoti, e che avrebbero reso immortali tutti coloro che, da allora in poi, sarebbero stati iniziati ai suoi Misteri[34].

---

[34] I *Mystae* erano sottoposti a un corso di istruzioni nelle segrete cose, un corso fatto di purificazioni e ascetismi vari. Dopo di che venivano condotti in processione lungo la Via Sacra da Atene a Eleusi, con soste, lungo il percorso, nei santuari, dove compiere gli appositi riti. Giunti ad Eleusi facevano un bagno in mare, vagando per la spiaggia con torce accese a imitazione e a ricordo di Demetra nella ricerca della figlia rapita. Poi, a seguito di una veglia notturna, avevano inizio i riti finali. Che consistevano nell'esperienza della più cieca oscurità e del più assoluto silenzio, in cui si svolgevano drammatiche rappresentazioni della vita vissuta dalla Grande Madre dolorosa, e l'apparizione di una spiga di grano mietuta da un lampo di luce. In quel momento, ci informa Ippolito, veniva solennemente annunciata la nascita del divino fanciullo Iacco (variante di Bacco). Da notare che tutte le persone, senza distinzioni di sorta, potevano essere ammesse a conoscere i "Misteri" della Grande Madre Demetra, con l'obbligo, tuttavia, di non fare parola a chicchessia di quanto aveva visto e vissuto.

Sia ben chiaro che la salvezza eterna promessa agli iniziati era legata unicamente all'osservanza del rito. Per cui la certezza di una sorte migliore dopo la morte era assicurata da quanto avevano "visto", e non, dalla condotta di vita o dall'osservanza di precetti morali! Tuttavia è inimmaginabile che l'autoimmedesimazione che "votava" gli iniziati alla Dea dei misteri non sortisse l'effetto interiore di una rassicurazione del tutto *personale*. Quella personale rassicurazione che gli Dei della Stato né suscitavano, né garantivano. Perché ad essi mancava l'arcana vitalità del serpente che *tutto è*, e *tutto trasforma*.

Infatti, la Grande Madre Demetra-Rhea aveva partorito Persefone-Kore perché resa gravida da Zeus che, abbiamo già detto, l'aveva posseduta trasformandosi nel serpente Meitichios; e, ancora sotto forma di serpente, Zeus aveva ingravidato la propria figlia Persefone-Kore, che diede alla luce Dioniso, il dio dei Misteri. Nei Misteri di Eleusi l'iniziato, in mistica unione con la Grande Madre Demetra, si staccava dalle sue spoglie mortali e s'identificava con il principio che sempre rinasce, l'essere di tutti gli esseri (il serpente padre) che, nel mondo del dolore e della morte, è l'eternità del "divenire". Un divenire che non ha nulla a che fare con il fluire del tempo, perché il suo nascere-e-rinascere è il modo eterno dell'Essere.

Se mai, in un tempo passato, la Grande Madre Demetra e la figlia Persefone avevano incarnato il rifiorire delle messi dopo la morta stagione, ora che s'accompagnano a Dioniso, il dio che sempre muore e sempre risorge (come la luna che perde la propria ombra o il serpente che cambia la pelle), la loro signoria va ben oltre il nascere e il morire delle stagioni: investe l'eterna aspirazione dell'uomo che rifiuta come vicenda vera quanto la mistagoga Siduri aveva detto a Gilgamesh, che cioè «quando gli Dei crearono l'uomo, gli assegnarono in sorte la morte, riservando per sé la vita». Ovverosia, l'immortalità[35].

---

[35] Quando Bacco, provenendo dalla Tracia, aveva fatto il suo ingresso trionfale nell'Ellade, era corsa tra il popolo un'ondata di ebbrezza

Non si comprenderebbe a pieno il ruolo avuto da Dioniso nella terra dei Greci se non si prendesse in considerazione la relazione esistente tra l'*apolitico* Dioniso e il *politico* Zeus. Relazione che abbiamo inteso significare dando al capitolo il titolo "La Grande Madre Demetra, tra il notturno Dioniso e il solare Apollo".

La nascita stessa di Dioniso fa di lui un equivalente ctonio di Zeus. Dioniso nasce a Creta quando Zeus, sotto forma di serpente, seduce l'infera regina Persefone. (Ciò per cui Dioniso è detto anche "figlio di Hades"). Avendo egli natura catactonia, il suo culto è legato alla caverna, ai luoghi sotterranei, cosmici, umidi, funerari. Dioniso, proprio perché nasce, muore e rinasce è, a chiunque ne pratica il culto, la "promessa" e la "premessa" di una nuova vita. Inoltre, in quanto divinità infera, egli è legato alla mantica, attività tipicamente notturna, che lo coinvolge a Delfi nell'oracolare tempio di Apollo.

Dioniso è intreccio di vita e di morte. Intreccio che gli viene dal suo legame con il serpente. (Zeus, infatti, sotto forma di serpente, è suo padre. Vedi ancora: il serpente nascosto nel tirso, "bastone" caro alle baccanti). Ed è proprio per il suo legame con il serpente che il culto di Dioniso è caratterizzato dal più sfrenato vitalismo. Ed è ancora per questo legame che Dioniso è il dio che inebria e rapisce, il dio della possessione e della follia. In sostanza, egli è la vita là dove strapiomba nella morte. In

---

orgiastica. Ovunque, soprattutto nelle campagne, si celebrava il gioioso signore della fecondità vegetale e animale con mascherate, canti rustici e ogni sorta di processioni festose. Ebbrezza che, portata alle corti dei tiranni divenne "ditirambo", il canto corale di uomini travestiti da capri che, danzando e cantando, riconducevano alla "umana manifestazione dell'arte" un dio tanto incline a presentarsi con "costume ferino". La maschera infatti, simbolo del dio dell'estasi, concedeva all'uomo di annullare se stesso e di trasformasi in un altro essere. Trasformazione che passò dalla narrazione religiosa all'azione drammatica quando il mito, parlato e rappresentato, ebbe perduto la sua relazione con Dioniso. E di qui trae spunto, in Grecia, la nascita della tragedia.

Euripide, infatti, le folli baccanti sbranano Pantheo, come "frenesia di comunione" nel tutt'uno con le forze della vita: puro esercizio di espansione vitale senza alcuna finalità che vada oltre il gesto stesso[36].

Ma a mano a mano che l'apolitico Dioniso guadagna spazio nei Palazzi degli Dei della Religione di Stato, il vitalismo sfrenato che lo incarna si trova ad avere, come si suol dire, le unghie tagliate. Si vuole, infatti, che il corpo dell'estasi apprenda a "metter giudizio" di fronte agli imperativi della mente imposti dalla Ragione di Stato. Si deve cioè morigerare i costumi, dare a loro la moderazione che, nella gestione del potere, è la salvaguardia della stabilità. Stabilità necessaria tanto a conseguire il Potere in terra, come il Potere della Fede in cielo.

Tuttavia, un tale disegno si trova a veleggiare tra Scilla e Cariddi. Da una parte, l'utopia e il desiderio che in ogni uomo è sempre "oltre le barriere" e i confini del "circoscritto presente" e, dall'altra, il bisogno d'ordine, tanto necessario al "razionale potere" che mantiene in vita la solidità di uno Stato. A comprova di quanto stiamo dicendo, è quanto avveniva a Delfi. Dove, nella sede del più solare degli Dei dell'Olimpo, il dio Apollo, si svolgevano nella notte, sul monte Parnaso, veglie sfrenate, le sole capaci di far pervenire l'animo umano all'unione mistica con il notturno Dioniso. Di uguale segno erano anche le danze tumultuose eseguite dalle Tiadi nelle feste dionisiache, lungo la

---

[36] Euripide, quando parla delle "folli baccanti", allude ai riti orgiastici che ebbero inizio allorché, ancor prima del secolo VII, Dioniso, sotto il nome di Zagreo, veniva onorato e festeggiato in Frigia e in Tracia. I suoi fedeli erano principalmente donne (le menadi), che si riunivano in località remote di montagna e si abbandonavano al delirio dei sensi con lo scopo di spezzare le barriere che separano l'umano dal divino. «Tra musiche eccitanti, simboli fallici, uso smodato di vino e danze vorticose alla luce delle torce, esse si arrendevano in quelle orge emozionanti, corpo e anima, all'oggetto della loro devozione. Divorando carne cruda di tori e di vitelli in una selvaggia omofagia sacramentale, a cui si credeva che Dioniso partecipasse sotto il nome di Zagreo». (James, Op. cit. p. 83-84).

strada che da Atene porta al Parnaso. (Per non dire, poi, di quanto avveniva di notte a Roma, nei selvaggi baccanali lungo le rive del Tevere. Espressioni di culto che ai costumi morigerati dei senatori romani apparvero così "nefande" da doverle, nel 185 a. C., sopprimere).

Nella terra dei greci, il dio Dioniso deve le sue principali fortune alla tradizione orfica. L'Orfismo, infatti, ha la sua fondamentale ragion d'essere come "culto mistico e movimento ascetico". Ma la più ingegnosa dottrina che gli Orfici produssero fu nel mettere insieme la propria teogonia, che vedeva in Dioniso il compimento definitivo, con quella di Esiodo, dalla quale invece derivava che tutto il potere è nelle mani di Zeus. Gli Orfici infatti accettano che, nel susseguirsi dialettico tra i Sovrani del Cielo, Zeus sia l'ordinatore del mondo secondo principi e leggi da sempre esistite, però ne denunziano il carattere transeunte, perché a compiere l'opera iniziata nell'eternità dell'origine, vi è Dioniso, il Dio dell'eterno ritorno. Il quale, nel permanente morire-e-rinascere, incarna il superamento del dissidio che attanaglia quotidianamente gli esseri umani: la voglia di vivere e l'angoscia di dover morire.

Nella mitologia greca, così come essa evolve negli Orfici, nei Pitagorici e nel Platonismo, la vita terrena diviene "morte" e, per le anime, l'essere immerse in tale vita è "oblio della propria natura". Siamo in presenza di una svalutazione dell'esistenza. Per cui, stando così le cose, l'obiettivo dell'anima individuale diviene quello di sfuggire al ciclo incessante delle nascite e delle morti e, con ciò, al divenire dell'esistenza inteso come "male", a cui contrapporre l'eterna verità di salvezza che si trova solo nell'essere-fuori-dal-mondo[37]. «Vivere pertanto l'epoca del regno

---

[37] I secoli VII e VI in cui l'Orfismo prende piede, sono secoli "bui", secoli in cui cessa l'ordinamento aristocratico e nascono le tirannidi. Che, per la gente comune, vuol dire: maggiore fatica nel lavoro e maggiore esosità nelle tasse. Vengono anche a cadere i valori sociali, il che spiega il divulgarsi di

di Dioniso significa vivere l'epoca nella quale si è dischiusa per l'uomo la via della salvezza, intesa come ritorno dell'anima allo stato di riposo iniziale, fuori dalla vicissitudini cui essa è sottoposta sintantoché rimane prigioniera di un corpo». (Benelli, Op. cit. p.158).

Tuttavia Dioniso, anche se accolto e utilizzato nei Palazzi del Potere, resta pur sempre un dio che da quel Potere è perseguitato. Perché egli, essendo un tutt'uno con il vitalismo della Grande Dea, resta estraneo - e quindi eversivo - rispetto all'ideologia di potere dell'olimpico Zeus. Un'eversione tipica di tutte le religioni di Salvezza. Una vicenda che può essere riassunta così: Demetra non è Hera, e Dioniso non è Apollo[38].

Il fatto però che nella terra dei greci l'estasi, la mistica e i culti misterici s'imponessero con crescente vigore, non deve far dimenticare che gli Dei dell'Olimpo conservano ancora tutto il loro valore. In quanto gli Dei a cui si rivolgeva l'uomo comune erano pur sempre gli Dei dell'Olimpo: Zeus, l'addensatore di nubi, per ottenere la pioggia; Poseidone, per avere la calma in mare; Artemide, per l'assistenza al parto; Atena quale protettrice

---

una religiosità di salvezza individuale, e il tentativo di trovare in essa una rassicurazione alla propria fuga dal mondo.

[38] Dioniso, forza vitale, pulsione inestricabile di vita e di morte, diventa un polo della duplicità dell'esistenza umana. La tragicità dell'esistenza umana sta, infatti, nello sforzo inane di comprendere razionalmente la non-razionalità del reale. Non a caso, nella terra dei greci, con la nascita di Dioniso nasce anche il "tragico", in quanto la società retta dal *nomos* della ragione ha valori che non soddisfano le esigenze che provengono dalla scintilla dell'anima. In altre parole, si tratta dello scontro che vi è tra l'antico diritto sancito dalle divinità ctonie, e il diritto sancito dagli Dei celesti dello Stato. Benelli osserva: «È dentro la razionalità dello Stato, nel suo ordinamento ideologico, che la duplicità del reale appare come irrimediabile contraddizione. *Ciò, non perché il pensiero razionale illumini contraddizioni insite nell'esistenza, ma perché è esso stesso a generare queste contraddizioni, nel momento in cui si pone come normativo*». (Op. cit. p. 160).

della città; e Apollo in quanto *custode della costituzione giusta*. Dei venerati e invocati soprattutto quando i cittadini dell'intera Grecia, o di una singola città, si trovavano a fare "fronte comune" per difendere la propria patria e la propria storia. In tali evenienze a guidarli, a sostenerli, a condurli non avrebbero potuto certo essere né il dio della salvezza personale, l'apolitico Dioniso, né l'outsider Hermes, il dio sempre in cammino, per il quale conquistare mete finali, o compiere azioni che portassero a compimento, sarebbe stata la propria fine. Il compito di difesa e consolidamento dello Stato venne invece riservato in modo eminente ad Atena, la dea che, fin dall'inizio, aveva presieduto i lavori che mutarono il Santuario in Acropoli e, con lei, anche al solare Apollo, il dio dall'arco d'argento, arma indispensabile per conseguire la definitiva vittoria.

Berve annota che, al di sopra di ogni particolarismo locale, lo stesso ethos è comune a tutti i greci della madre patria. E che, tra tutti i centri religiosi maggiormente operativi nel dare e mantenere vivo "il sentimento di patria comune", vi è il Tempio di Apollo a Delfi. «In un periodo agitato da tendenze contrastanti, che aspirava in una pacificazione in tutti i campi della vita, con il suo saggio consiglio il dio di Delfi dava una sicurezza e uno scopo a chi nell'incertezza lo interrogava. Così come egli aveva accolto accanto a sé Dioniso, egli contribuì molto a stabilire armonia fra il mondo degli Dei olimpici e quello delle divinità misteriche o ctonie, a insegnare i giusti riti alla vecchia e alla nuova fede ed a soddisfare le esigenze di purezza fra gli uomini. In questo secolo, ricco di fermenti e di trasformazioni sociali, l'atteggiamento conservatore che egli mantenne sia nel campo religioso sia nel campo giuridico, politico e sociale, giovava non soltanto al mantenimento di elementi essenziali dei tempi dell'aristocrazia pura, ma, in generale, all'evoluzione uniforme e costante della vita greca». (Op. cit. p. 253).

Siccome abbiamo più volte accennato al pensiero mitico con maggiore entusiasmo di quanto non abbiamo fatto con il pensiero razionale, qui conviene riparare il torto fatto. A parlare dei benefici apportati al mondo occidentale dal pensiero razionale, non si finirebbe più. Ci limitiamo pertanto ad alcune annotazioni in linea con l'intento del libro. Dicendo, ad esempio, che il pensiero mitico, oltre alla concezione dell'uomo come puramente "abitante" non va. E, quindi, si limita a "vivere la vita" alieno da ogni impegno che vada a "costruire la città". E se è vero che il pensiero mitico si guarda bene da devastare la terra, neppure sa debitamente difendersi dagli eccessi cui va sovente incontro la vita della natura. Soprattutto non s'interessa a sviluppare le possibilità di benessere che la terra racchiude. Mentre, al contrario, se è vero che il pensiero razionale ha mandato gli uomini in una guerra pressoché permanente, è anche vero che fu il pensiero razionale a "costruire la città", da fare del territorio degli abitanti la "patria" dei concittadini. Fu infatti il pensiero razionale a distinguere l'ambito dovuto alla vita pubblica da quello dovuto alla vita privata. Una cosa è certa: che la terra dei Greci, qualora nel far fronte all'invasione persiana, anziché essere abitata da "concittadini" fosse stata abitata da "sudditi" o da semplici "abitanti", il destino dell'Occidente non sarebbe mai pervenuto a vivere della libertà e autonomia che è, nonostante talune eccezioni, l'anima politica dell'Occidente.

Pertanto il nostro convincimento è che va dato il benvenuto al permanere fra noi del notturno Dioniso in compagnia della feconda Madre Demetra, sempre, s'intende, se entrambi si tengano stretti per mano al solare Apollo.

Se a conclusione di un mondo vissuto dagli Dei dell'Occidente precristiano è bene che vi sia una vivibile integrazione tra il Dio del Cielo e la Madre Terra, a maggior ragione, di necessaria integrazione, dobbiamo parlare oggi nel mondo degli uomini. Tenendo presente che accostare gli aspetti essenziali tra loro differenti non si finirebbe più. Ne elenchiamo alcuni: Fede e Ragione; afflato mistico (o pensiero mitico) e razionalità scientifica; Sapienza ideale e Saggezza conveniente;

aspirazione utopico-politica e pratica razionale-politica; legittimità della coscienza personale e legalità della legge comune positiva. Ma, soprattutto, l'imporsi della tecnocrazia: l'ideologia di tutte le ideologie dei vari sottosistemi che compongono la vita dell'umano convivere (etica, cultura, politica, economia, diritto e, per ultima, ma non, "ultima", la religione). Sì da far dire ad Emanuele Severino che «Dio e la Tecnica moderna sono le due fondamentali espressioni del nichilismo metafisico». (*La terra e l'essenza dell'uomo*, p.197. In *Essenza del nichilismo*. Adelphi Milano 1982).

Ci siamo permessi di terminare i due ultimi capitoli sugli Dei con un accenno alla Tecnica perché anche noi, con Umberto Galimberti pensiamo che, di fronte ad essa, il vero problema non sia quello di sapere che cosa l'uomo può fare usando la tecnica, ma "che cosa" il pervasivo e onnipotente Assoluto tecnico (il Dio-Tecnica) farà dell'uomo. (*Psiche e techne: l'uomo nell'età della tecnica*. Feltrinelli Milano 2000, p.715).

EPILOGO

L'assurda pretesa

La pretesa di cui parla l'epilogo riguarda il sacramento dell'Ordine Sacro che, nella Chiesa cattolica, viene concesso soltanto al celibato del genere maschile. Una pretesa che, pur fondandosi su un dato storico, alla fine, andando alla deriva semantica, diventa "ontologica", a dire che solo il genere maschile "è" sacro.

Diciamo "genere maschile" e non, "persona maschile", perché per noi, come abbiamo più volte detto, la Persona è una figura concettuale che non si qualifica come "maschile" e/o "femminile", ma unicamente come "storica relazione al contempo personale e comune". Facendo tuttavia presente che, quando diciamo "relazione storica", in quel concetto è escluso ogni riferimento al "divenire persona", perché la relazione storica in questione parla dell'esistenza umana come *essere-storicità*. La cui *ontologica* consistenza è eterna, e non ha nulla a che fare con il "divenire" nel tempo.

Quanto poi alla questione di cui tratta l'epilogo, essa è soltanto accennata perché il trattarla per disteso ci porterebbe fuori strada. Se abbiamo parlato del "femminile che non muore mai", lo abbiamo fatto in vista del "costruire la città", non, di una eventuale "ristrutturazione" della Chiesa cattolica.

Tuttavia a nessuno può sfuggire l'incidenza che ha, nei comportamenti della vita civile (sociale e politica) degli italiani (e anche oltre), l'esercizio di potere di un Sacramento (l'Ordine Sacro) concesso solo al maschile. Per cui, proseguendo nel discorso fin qui fatto su "il personale è politico", a noi vien naturale domandarci: e se fosse che, in Occidente, l'Ordine Sacro conferito soltanto al maschile (innestandosi sull'antica sconfitta della Madre Terra da parte del Dio del Cielo), avesse anch'esso influito nel negare per millenni alla donna non solo l'esercizio attivo del potere politico, ma addirittura il semplice "diritto al Voto"?

La domanda non misconosce per nulla il bene che la Chiesa cattolica ha fatto nei confronti della donna. E pertanto essa va presa soltanto nei termini ristretti in cui è stata posta, e cioè, termini che riguardano unicamente la sfera del potere politico. Ma qualora il raffronto storico riguardasse i millenni, perché dovrebbe finire al rogo un cristiano che osasse chiedersi: che ne sarebbe della storia dell'Occidente (e in tante altre parti del mondo) se il vicario di Cristo in terra anziché essere unicamente "maschile" fosse anche "femminile"[39]?

Il lettore si chiederà a che serva disquisire sulla natura del "sacro" in un libro che vuole essere espressione di pedagogia politica. Per comprendere la nostra scelta si deve partire dalla quotidiana constatazione che *l'esercizio del potere*, sacro o profano che sia, *fa potere*. E se è del potere del "sacro" che parliamo, è perché l'essere umano nasce radicato al bisogno di salvezza, che non è veramente tale se non è "eterna salvezza". Pertanto si può ben immaginare quanto sia grande il potere che ha sulla vita del credente cattolico la mano del prete che assolve o che, di assolvere si rifiuta.

---

[39] La realtà storica è così "altra" e distante da una tale domanda, che la sola supposizione rischia di farci passare per dei malintenzionati miscredenti! E infatti basta sostenere che nel Dio dei cristiani oltre al maschile c'è anche il femminile, che subito è guerra di dottrina, non solo tra la gente comune, ma anche tra i cristiani meglio informati. E questo, nonostante la Teologia cattolica abbia chiaramente elaborato il concetto che la "Persona", in Dio, non ha nulla a che fare con il "genere" maschile o femminile che sia (e quindi con la "diversità dei sessi").

70

Un'incidenza che, vista alla luce del "costruire la città, ci impone quest'altra domanda: e se il potere che il prete ha sul bisogno di salvezza del credente s'annidasse in lui al punto di indurlo a consegnare la verità politica della propria vita, non, in mano alla libertà della propria coscienza, ma alla formale obbedienza al pensiero della Chiesa a cui appartiene?

Va tenuto presente che il punto su cui chiamiamo il lettore a riflettere non è tanto l'obbedienza alla Fede, ma il fatto che la Fede, quando diventa formale obbedienza, invece di sollecitare la coscienza, la va ad "accontentare", esonerandola così dall'impegno politico di dare "amore e giustizia" alla vita degli uomini nel mondo. Perché non è certo "soluzione cristiana" della Politica, quella che s'imbelletta il viso mediante una virtuosa sussidiarietà! L'accontentare che accomoda, se visto alla luce splendente della virtù, è menzogna. Il bisogno permane, non solo, ma c'è anche il pericolo che la corona di spine in testa al bisognoso diventi l'aureola di santità in testa al benefattore. Don Milani ci ha fatto comprendere che non sempre l'obbedienza è virtù. E così non è tout-court "virtù" la sussidiarietà, in quanto non va a risolvere le cause che portano ad averne bisogno. Anzi, spesso, le va a "codificare" al punto da rendere "naturale", nella mente sazia dei popoli ricchi, la concezione che il vivere a lungo o il morire ancor prima di nascere, sia un *dato di fortuna*: la fortuna di venire alla luce in questo piuttosto che in quel continente[40].

Per non essere fraintesi, avvertiamo il lettore che quanto stiamo dicendo dell'Ordine Sacro del prete, è detto a partire da

---

[40] Ai credenti cristiani c'è da far presente che la "roba" di cui vive l'uomo va divisa a metà. «Chi ha due mantelli ne dia uno a chi non ce l'ha!». E anche se nel Vangelo è scritto che nel mondo ci saranno sempre i poveri a cui dare ciò che avanza sulla tavola dei ricchi, il vero segno del credente cristiano è la comunione del pane spezzato a metà: «Questo è il mio corpo: prendete e mangiate! Questo è il mio sangue: bevetene tutti!». *Ugualmente tutti*, appunto.

quali *possano* essere gli ostacoli che intralciano la "costruzione della città". (Si noti che abbiamo usato il congiuntivo "possano" che dice l'ipotesi, e non, l'affermazione dell'indicativo, che dice l'effettuale).

Ci si potrebbe obbiettare che, senza avvedersene, noi, che siamo qui a contrastare l'ingerenza del "potere sacro" in politica, di fatto ne parliamo alla maniera di due integralisti. In quanto indugiamo troppo su un discorso che, ad essere correttamente espresso, va detto in modo radicale, perentorio, sbrigativo. Così, ad esempio: il "sacro", in virtù della laicità dello Stato, è problema che appartiene alla Fede e, quindi, il non tenerne conto è "ingerenza politica", un danno sia per la Fede che per lo Stato. Punto e stop!

A questa sbrigativa sentenza, rispondiamo che gli strascichi politici della storia occidentale sono ancora a tal punto parte del vestito Fede/Stato, che non sono una coda da poter tagliare di netto con la spada della giuridicità dell'uno o la santità dell'altro. Il rischio è che in quel sangue versato tutto d'un fiotto restino esangui entrambi. A nostro avviso, il sentiero che porta al retto cammino sia la Chiesa che lo Stato, sta nel principio in cui bisogna saper "differenziare senza confondere e congiungere senza separare": il sentiero dell'ontologia. Ed è stando su questo sentiero che abbiamo parlato dell'uomo come "Persona-e-Comunità" (che riteniamo sintetizzato nel grido dei movimenti femminili "il personale è politico").

Il che ci fa concludere che quanto può essere di ostacolo alla "costruzione della città" non è né il sacro o il profano, né il maschile o il femminile, bensì ciò avviene, poco o tanto che sia, quando uno o l'altro dei due in questione si sostituisce (e, tanto più, quando si sovrappone) al "personale", negando così che è *solo il personale* ad "essere-politico"[41].

---

[41] Cristo alla domanda di Pilato «che cos'è la verità?» risponde «Io, sono la verità!». Come si vede la verità viene fatta "persona". Ma una cosa è il concetto di "persona" a cui si perviene partendo dall'Essere, e altra cosa è il

Se va riconosciuto al Cristianesimo e alla Chiesa cattolica in particolare, il merito di aver promosso dentro la storia dell'Occidente la concezione del "personale materno" e quella del "personale coniugale", non così è stato per quanto riguarda il "personale politico". Anzi, possiamo dire che, in Italia, vi sono taluni atteggiamenti del cittadino cattolico che trasudano ancora di una marcata allergia al senso dello Stato. Atteggiamenti che sembrano essere il rimasuglio di un risentimento inconscio causato dall'offesa fatta allo Stato pontificio quando Roma, nel '61, venne proclamata capitale del Regno italico. I manuali di storia affermano infatti che, da quel momento, nella mente dei fedeli cattolici s'instaurò verso lo Stato italiano "un risentimento vasto e profondo", instillato negli animi dal «saldo ascendente spirituale che il clero cattolico conservava su ampi settori della nobiltà terriera e sui ceti popolari, specie quelli rurali». (Franco della Peruta "Manuale di Storia", Le Monnier, Firenze 1994, p. 383).

Ma c'è di più. La verità, a volerla raccontare tutta, è che le Streghe, tornate a gridare lungo le strade e dentro le piazze che "il personale è politico", sono principalmente quelle scampate ai roghi che i togati maschi cattolici (invasati da una pervertita concezione della propria fede) avevano innalzato per bruciarle vive. Oggi è evidente che, dentro la Chiesa cattolica, la malvagità contro la donna (un tempo ritenuta "strega" proprio perché "donna"), è stata redenta. Non però fino al punto da sgomberare l'animo da talune larvate forme di ostilità. Come potrebbe essere quella di negare così perentoriamente (e testardamente) l'Ordine Sacro alle donne o, anche, il distaccato "atteggiamento di non

---

concetto di "persona" a cui si perviene partendo dall'affermazione di un Dio. Perché là, è stando sull'esistenza umana che se ne parla, qui, è stando alla fede in Cristo-Dio. Se nel parlare della persona le due cose non vengono tenute "distinte", si finisce con l'andare contro l'autonomia e la libertà dell'uomo. O, forse, meglio: anche in questo caso vale il principio del "differenziare senza separare e congiungere senza confondere".

ingerenza" che la Chiesa cattolica (compresi i suoi teologi) ha tenuto nella battaglia ingaggiata dalle donne per difendersi dalla discriminazione politica (vedi le "Quote Rosa") che i politici maschi hanno perpetrato contro di loro. Quasi si trattasse unicamente di una questione "riguardante le donne"[42].

Va da sé che la Chiesa cattolica ha tutto il diritto e il dovere di salvaguardare la purezza della propria dottrina, sia mediante la predicazione ordinaria, sia servendosi di dogmi o scomuniche. Ma è certo un suo guaio quando un tale diritto-dovere, anziché essere "manifestazione di grazia", diventa "pretesa di verità". Pretesa che non tiene conto che è solo in virtù della Fede che si può parlare di un'unica religione e di un unico Dio. Che se, poi, il Dio unico di cui si parla è una persona *storicamente* incarnata (*Et verbum caro factum est*), bisogna essere consapevoli di quanto sia inimmaginabile un tale fatto agli occhi del non credente, e pertanto si deve andare cauti nel dedurre dalla storica incarnazione dell'unico Dio, che non vi è altra salvezza che appartenere alla Chiesa cattolica (*Extra Ecclesia nulla salus*)[43].

---

[42] Laocoonte diceva che bisogna temere i greci anche quando fanno dei doni. Rispetto all'apertura politica che i maschi dentro i Partiti hanno in questi giorni verso le donne, la diffidenza di Laocoonte ci sta ancora tutta. Imbellettarsi il volto aggrazia l'immagine, ma non muta l'animo di una persona. Fortunatamente in Italia (perché è soprattutto dell'Italia che stiamo parlando) la presenza di talune donne al Governo (e tra i banchi dell'Opposizione) si è fatta ormai coraggiosa e politicamente competente, tanto da far sperare che esse non siano le poche rondini di una primavera ancora tutta da venire. Siamo convinti, infatti, che siano le avvisaglie di un processo osmotico che, a mo' di fenomeno carsico, è destinato a diventare, alla lunga, un "fiume" che scorre a pieno titolo dentro la Politica della Repubblica italiana. E questo, appunto, a conferma di ciò che fu la loro più fonda intuizione politica in questi ultimi anni: e cioè, che non è il genere – maschile o femminile – ad essere politico, ma il "personale".

[43] Non dovrebbe sfuggire al lettore il concetto di fondo che sottende il nostro punto di vista. Concetto che, per meglio dargli luce, esprimiamo esemplificandolo. La Chiesa cattolica sostiene la convenienza di mettere nel Preambolo della Costituzione europea il dato storico secondo cui fu il

Oggi, al proposito, la Chiesa cattolica non ha più, in Politica, l'intransigenza dottrinaria di un tempo. Tuttavia, se un tal modo di pensare non è più insegnato, non per questo vengono meno taluni atteggiamenti pratici che di fatto sono messi in atto. Ad esempio se, ad una riunione di differenti religioni o Chiese, i "sommi pontefici" di esse s'incontrano di persona, il Pontefice romano non dovrebbe, come è capitato, mandare a rappresentarlo "alcuni laici" come suoi delegati. Così facendo la maggior verità della Chiesa cattolica (quale unica vera Chiesa), non solo (dato il discorso ecumenico) non viene messa a tema o almeno sfiorata, ma addirittura *viene imposta*. Cercare comunanza di Fede senza mettere in comune il Potere, lascia le cose peggio di prima.

Si dirà: che c'entra tutto questo con l'Ordine Sacro? Riteniamo che c'entri proprio in virtù del sottotitolo che abbiamo dato al libro. E cioè che nel mettere unicamente nelle mani del maschile un sacramento definito "Ordine Sacro", c'è il pericolo che esso concorra a legittimare l'idea che va a rendere "sacro"

---

cristianesimo a dire che ogni uomo è persona. Per cui con forza rivendica che un tale debito di verità le venga riconosciuto. Noi sosteniamo che se, storicamente o antropologicamente, una tale rivendicazione corrisponde al vero, il pericolo che l'accompagna è quello che non più dell'universalità del cristianesimo si parli, ma di quanti vivono arroccati nella storia dei propri continenti. Un modo arroccato che, secondo noi, va a frammentare la cristocentrica universalità racchiusa nell'incarnazione di Dio (per cui ogni uomo è al contempo progenie umano-divina). In quell'arroccamento, infatti, scompare la "comune umanità", e la Fede è usata come spada che va a codificare la spartizione della terra: il boccone Europa al cattolicesimo, il boccone Medio Orientale all'Islam, l'Asia al Buddismo, l'Africa all'Animismo e via di questa dissacrante suddivisione. Se Cristo "è" Risurrezione, l'ontologia vuole che egli sia l'eternamente-presente-risurrezione per tutti! Inoltre, il rischio che corre l'arroccamento cattolico di cui parliamo, è quello di prestare, in qualche modo, il fianco al montante razzismo che sta invadendo l'Europa. Sia ben chiaro: lo scontro storico di razze diverse è un problema enorme. Ma almeno che non vada risolto ritenendo ancora, subdolamente o apertamente, che gli eletti da Dio a colonizzare il mondo sono "i bianchi"!

unicamente il maschile. E se fosse invece che una donna, dotta e santa (sposata o nubile che sia) conferisse all'Ordine Sacro tutto il bene che la Chiesa cattolica dice della donna? Un'ipotesi che la Chiesa cattolica non intende assolutamente verificare. Il verdetto infatti di inammissibilità è così perentorio che riecheggia e ripete né più né meno quanto, duemila anni fa, venne decretato dall'apostolo Paolo: «non concedo a nessuna donna di insegnare, né di dettare legge all'uomo». Il quale così si esprimeva perché (sono sue le parole) «fu la donna, la vera colpevole del peccato d'Origine!». E non è un caso se, nella condanna ingiunta da Dio alle brame della donna verso il maschio, le fu detto «ed egli ti dominerà».

Quindi, nell'interdizione fatta alle donne di accedere all'Ordine Sacro, nulla toglie che il retropensiero della gerarchia cattolica sia quello che, nella sua parte più buia dell'anima, vede ancora la donna come la "moglie del diavolo" e che, quindi, sia la donna "perché donna" (e non altro) la causa impediente che interdice ai sacerdoti cattolici di sposarsi. Retropensiero che magari non viene in luce, anche perché trasfigurato dal fatto (così solitamente si sostiene) che l'avere una propria famiglia distoglie il sacerdote dal vivere la vita totalmente al servizio di Dio.

Una motivazione che lascia adito a diverse domande. E se invece l'amore di predilezione alla "propria famiglia" fosse l'esercizio fecondo in cui apprendere ad amare l'intera "umana famiglia"? E se, per converso, fosse che, nel celebrare la "sacralità" del celibato del prete, dietro o dentro la motivazione dell'amore universale dovuto all'umanità, si annidasse un'altra nascosta e astuta ragione: e cioè, che a mettere in difficoltà lo spirito di carità del prete non è l'amore alla famiglia in generale, ma l'amore alla donna in particolare? Sempre la donna, quindi! Che, nella sua seduttrice natura, stravolge il disegno di Dio, che l'aveva creata perché fosse compagna di vita e di valido aiuto alla solitudine dell'uomo! (Che strana vicenda questa della storia biblica, che, scritta da uomini, vede nella donna seduttrice, *il* "colpevole", mentre nell'uomo, che si lascia sedurre, *la* "vittima innocente"!)

A questo punto, a rigore di termini, c'è da chiedersi: che "sacra famiglia" e "indissolubile matrimonio" può esserci, se la madre e la sposa hanno nel loro corpo tanto "naturale potere di dannazione"? In verità, nella Chiesa cattolica, la Vergine Maria, *madre* di Dio e *sposa* dello Spirito Santo, è sempre stata presentata come "modello di verità" a cui la donna deve attenersi. Una tale dottrina, presentata in tal modo, può essere un fecondo Mistero di Fede che tiene alto e presente nel mondo quella parte dell'utopico messaggio che la Fede cristiana fa della donna. Ma non può esservi certamente fecondo mistero se la razionalizzazione ideologica del maschile fa di Eva (la "madre di tutti i viventi") l'emblema della colpa!

Si badi bene, non c'è nel nostro discorso alcuna pretesa di discettare sulla più o meno corretta interpretazione della Bibbia. Il nostro intento sta tutto nella domanda che ci siamo posti all'inizio dell'epilogo: "non potrebbe essere che le donne siano ritenute, quanto all'agire politico, meno capaci degli uomini *anche* in forza del fatto che la Chiesa cattolica sostiene che l'Ordine Sacro (il potere sacro del prete) ha da essere solo 'maschile'?" La risposta è opinabile. Ma la domanda andava posta. Perché, lo abbiamo già detto, se alla Chiesa cattolica va riconosciuto il merito di aver promosso nel mondo il dovuto credito che spetta alla madre e alla sposa, non così è stato per la valorizzazione politica dell'essere-donna. Tanto che, nel corso dei secoli, le donne, nella loro lunga e dolorosa marcia di "liberazione politica", sono perfino state costrette a lasciarsi bruciare vive tra le fiamme di un rogo acceso dalla "mano sacra" del prete. E, se possiamo asserire che ormai le sacre fiamme di quel rogo umano sono state estinte, è pur vero che, qua e là, in taluni luoghi un po' di cenere è rimasta ancora. Quando non si tratti di brandelli di carne che ancora bruciano.

APPENDICE

L'articolo 51 della Costituzione

Stando anche noi a quanto hanno detto i movimenti femminili abbiamo sostenuto l'assioma "il personale è politico". Ma ancora la strada da percorre prima di arrivare alla meta è lunga e irta di difficoltà da superare. Lo affermiamo nell'amara constatazione di questi giorni in cui le donne nel Parlamento italiano si contrappongono nel rivendicare l'uguaglianza politica dei sessi in ciò che recita l'articolo 51 della Costituzione. Ecco il testo al primo comma: «Tutti i cittadini dell'uno o dell'altro sesso possono accedere agli uffici pubblici e alle cariche elettive in condizioni di eguaglianza, secondo i requisiti stabiliti dalla legge». Un comma che ha diviso le donne parlamentari in due schieramenti in cui, l'uno, ha una concezione ontologica della parità dei sessi, mentre l'altro, invece, ne ha solamente una concezione antropologica. L'uno, a comprendere che, in quell'articolo, il *vulnus* inferto alla giustizia, prima ancora che intaccare il rapporto tra maschile e femminile, va "ontologicamente" a negare la sovranità della Persona; l'altro che, invece, riduce antropologicamente il tutto a una questione di pari opportunità da risolvere con pari giustizia. Per quanto nel libro abbiamo sostenuto, noi stiamo evidentemente dalla parte delle donne parlamentari che parlano di *vulnus ontologico* inferto alla sovranità della Persona.

La differenza tra concezione ontologica e concezione antropologica dell'oggetto in questione può essere detta così: le pari opportunità intese *ontologicamente* dicono l' "uguale-diritto-d'essere" che è tale in virtù del fatto che, per inviolabile essenza, ogni uomo "è-sempre-ugualmente-uomo"; mentre, invece, le pari

79

opportunità, intese *antropologicamente*, dicono "uguali parità ad avere", non, in virtù del diritto ad essere, ma (nel nostro caso), stando ai dettami della legge. Nella concezione antropologica, pertanto, "il personale è politico" se ne va con le gambe all'aria, e questo perché è l'ontologia a dire l'essere-persona (e quindi a dire che siamo di fronte a pari modi d'essere e, non, a pari occasioni da avere). In altre parole: è la legittimità ad essere che fonda la legalità ad avere, non, viceversa! E questo non perché la legalità non sia una "cosa buona", necessaria all'umano convivere, ma perché il problema da risolvere è un altro. Lo possiamo constatare nei dibattiti che avvengono nei tribunali. In quelle stanze è scritto che "la legge è uguale per tutti", poi nell'andarla ad applicare ci si accorge che non tutti sono uguali di fronte alla legge. Dove ci si accorge, cioè, che l'andare alla deriva nella vita dei cittadini è molto più l'uguaglianza ontologica che quella legale. E la legittima conclusione è che se la prima non s'afferma con sempre più stabilità, la seconda diventa sempre più vana: "ondivaga", come dicono i testi che ne trattano. A sostegno del discorso che stiamo facendo, può starci anche quest'altra affermazione: nella vita pubblica o privata, se non vi è l'ideale sapienza ontologica a tirarsi dietro la conveniente saggezza antropologica, nel "viceversa" di strada se ne fa ben poca.

Avendo noi esposto ad una parlamentare del fronte antropologico le ragioni sopra esposte, ci fu obiettato che, «in Politica, ciò che conta è quanto in pratica si può ottenere, non l'ideale che è nella nostra mente». Abbiamo risposto con le parole di Heidegger, e cioè che «la possibilità è sempre più in alto della realtà» e, di questo, pur avendone spiegato il come, il dove e il quando, a nulla è servito. «La realtà è quella che è!» ci fu detto. «Se la realtà resta immutabile, è soltanto miseria!», fu il nostro finale.

Nemo vult nisi videns, dice il latino. Nessuno può volere ciò che non vede e neppure intravede. Ci riferiamo a quell'intravedere di cui parla il proverbio quando dice che "solo chi cerca trova".

80

Tanto il detto latino che il proverbio italiano stanno a sintetizzare le vicende del diverbio in questione. Sosteniamo infatti che, in una delle due parti in lite tra loro, ciò che venne a mancare fu il pensare: il pensare dell'ontologia che è essenzialmente differente dal pensare dell'antropologia. Cioè, il pensare l'ontologica integrità dell'essere, che è il fondamento su cui poggia l'originaria unicità e l'inviolabile integrità della persona umana. Quel differente pensare per cui, nell'ontologia, l'essere-uomo è "uguale destino", mentre, nell'antropologia, l'essere-uomo è "occasionata diversità": la diversità di appartenere al genere maschile o femminile, al colore della pelle, bianca, gialla o negra che sia, e via discorrendo, con queste deleterie e ostinate diversità[44].

Si badi bene, non siamo qui a proporre l'improponibile! Sosteniamo soltanto che, qualora la concezione ontologica dell'esser-uomo fosse stata bagaglio comune alle donne in Parlamento, anziché restare divise senza comprendersi, avrebbero potuto avviarsi compatte sulla strada che porta ad essere ciò che esse "ontologicamente-sono" (e ciò che ogni essere umano è), ossia "comune umanità", fondamento e salvaguardia di ogni scelta legale fondata su un'autentica (perché ontologica) parità. Abbiamo detto che in quella diatriba è mancato il pensare. Quel pensare in cui "il personale è politico", non, perché si fonda sulle *scelte* dell'antropologia, ma sul destino (l'ontologia) dell'essere-umanità.

---

[44] Heidegger direbbe che, tra le donne parlamentari, alle une era presente la differenza ontologica (che distingue l'essere dell'essere dall'essere dell'ente), e che invece alle altre era completamente assente perché neanche la intravedevano. Percepire l'essere non è facile. Vi si perviene infatti dopo un lungo esercitarsi alla fenomenologia dell'inapparente: quello "sguardo fenomenologico" che né i libri né i discorsi altrui possono dare. Heidegger, a proposito della percezione dell'essere, era solito dire ai suoi ascoltatori: «se non vedete ciò che voglio dire, io non posso spiegarvelo».

A proposito della guerra tra i sessi

Le donne hanno scritto intere biblioteche sulla differenza sessuale e sulla sessualità come è da loro praticata e vissuta. Le poche righe che dedichiamo alla diversità di comportamento sessuale tra il maschile e il femminile vanno viste nell'intento del libro, altrimenti rischiano di passare per inutile e saccente banalità. Lo ripetiamo: a nostro giudizio, non può esserci alcuna "costruzione della città" fintantoché maschile e femminile, invece di essere due "problematici" elementi costitutivi della persona umana, sono considerati due generi che vivono "sessualmente in guerra" tra loro. Maschile e femminile, visti come due "generi" diversi, possono tutt'al più pervenire ad un'*intesa* tra le parti, ma sarebbe un bel guaio se nella Persona che, nel suo concetto, ha in sé la loro integrazione, queste due parti non vivessero costantemente insieme, nella pur difficile ma reciproca *comprensione!*[45]

Pertanto le cose che stiamo per dire sul comportamento sessuale tra maschile e femminile sono esperienze talmente note e

---

[45] Della differenza tra intesa e comprensione ne parla Emilio Garroni in *"Senso e Paradosso"* (Laterza, Roma-Bari 1986). Vi è "intesa" (*in-tendere*) quando due o più persone si mettono insieme per fare qualcosa nei confronti di terzi. Vedi le intese politiche finalizzate a vincere le Elezioni. Vi è comprensione, invece, quando le singole parti, pur restando fedeli all'identità del proprio centro, ne dilatano la specifica essenza al fine di costituire, alla periferia di ogni parte, un orizzonte comune. Potremmo dire che, mentre l'intesa "assomma" la forza delle parti, la comprensione invece ne "relaziona" la loro specifica potenza. Mentre l'intesa è l'unione che fa la forza, la comprensione è invece la forza che fa l'unione. Nel primo caso, abbiamo il gruppo che è un insieme di "Io-accomulati", nel secondo caso invece, è un "Noi-comunità". In altre parole, per ciò che riguarda la formazione politica, mentre nel primo caso l'agire in comune ha come scopo un "qualcosa da fare" che sia "altro" dalla costruzione di sé, nel secondo caso, invece, l'agire in comune ha come fine anche la costruzione di sé.

quotidiane, che a parlarne quasi non mette conto, tanto possono essere considerate estranee all'intento di "costruire la città". Eppure estranee non sono, almeno a nostro parere. Comunque resti il concetto secondo cui il nostro discorso non ha nulla a che fare con "omosessualità" ed "eterosessualità". (E ben ci guarderemmo dal definire l'omosessualità a partire dall'eterosessualità). Ciò di cui stiamo parlando riguarda solo "comportamenti differenti" nell'esprimere la sessualità umana dove, appunto, non vi è alcun alcuna implicazione necessaria sia rispetto al genere che, tanto meno, rispetto ad una qualsiasi differenza di ordine ontologico. Pertanto, nelle annotazioni che seguono, il maschile (l'uomo) e il femminile (la donna) vanno presi unicamente come "schemi di riferimento emblematico", e nulla più.

Nel fare all'amore (tale è il linguaggio comunemente usato), mentre l'uomo mira principalmente alla prestazione, la donna invece cerca la relazione. E infatti, mentre gli uomini, quando si trovano a parlare dell'atto sessuale, parlano solitamente di "quello che si fa", le donne invece parlano di "quello che si prova". E cioè, mentre l'uomo è incline a *oggettivare* il rapporto nel "come" del fare, la donna invece è incline a *soggettivarlo* nel "che cosa" si vive. Da una parte, l'azione, dall'altra, il sentimento. In cui, in genere, il godimento maschile è prevalentemente sbrigativo e centrato sulla parte genitale del corpo, mentre il godimento femminile è esteso alla pelle in ogni sua parte, prova ne sia il suo indugiare a lungo su ciò che prova la mano rapita dal desiderio-che-accarezza. Quindi, godimento erotico-operativo-visivo quello maschile; godimento erotico-sensitivo-tattile quello femminile. Potremmo quasi dire che la modalità di ricerca del piacere sessuale è "impersonale" per l'uomo, mentre è "personale" per la donna. Ed è il motivo per cui abbiamo detto che, secondo noi, le donne hanno appreso il "personale è politico" dentro il proprio corpo e nella concezione che hanno della sessualità[46].

Inoltre, proseguendo su questo discorso, vi sarebbe molto da dire anche sul rapporto tra maternità e sessualità[47]. Ne facciamo cenno perché solitamente il crescere i figli in famiglia è un compito che il padre delega alla madre. La quale, per come vive la sessualità, corre il rischio di tenere legato a sé il figlio, suggerendogli come suo principale dovere quello di "metter su" la propria casa, senza indicargli la strada che lo porta in piazza a incontrare i suoi concittadini e a vivere impegnato nelle istituzioni pubbliche della città. In altre parole: il legame di intimità affettiva tra la madre e il figlio (dono indispensabile per un crescita sana ed equilibrata del figlio) rischia di portarli a costruire solo la casa, senza darsi pensiero di dover anche "costruire la città".

Ma qualora, in conseguenza dei molti discorsi fatti nel libro, volessimo dare una decorosa finale a questa seconda appendice il tema su cui applicarci riguarderebbe il celibato imposto nel Cattolicesimo all'Ordine sacro del clero. E discorrere del concetto di sessualità che ne ha la dottrina della Chiesa cattolica. Soprattutto in quel che riguarda l'intricato rapporto che vi è tra le ragioni del sacro e la passione d'amore o, per meglio dire: tra la sacralità del sacro e la sacralità della sessualità. Un tale discorso, a volerlo fare, non è facile, né sarebbe di breve durata. Non è facile trovare nella Carne sedotta il Volto di Dio! O viceversa. Né

---

[46] Va tenuto presente che le diverse modalità di cui stiamo parlando sono indicazioni di massima che intendono dire ciò che solitamente avviene. In realtà è possibile trovare caratteristiche femminili negli uomini, e caratteristiche maschili tra le donne.

[47] Del rapporto tra maternità e sessualità ne parla Beatrice Faust in "Donne Sesso e Pornografia" (Centro Scientifico Torinese, 1988). «"L'istinto materno" è una questione emotiva. Per decenni la parola istinto è stata usata come se, possedere un istinto, fosse simile al possedere l'intestino crasso [...]. Ora si sa che la maternità può essere estremamente erotica e che l'essere madre è un elemento essenziale della sessualità femminile». (Op. cit. p. 69).

è facile entrare in un discorso in cui è "realtà divina" tanto l'amore dello Spirito quanto l'eccitazione della Carne. E il lettore ben s'avvede, quanto un simile discorso, a volerlo (e a saperlo) fare a dovere, ci porterebbe lontano. Ma anche l'averne fatto un semplice accenno era "debito necessario"[48].

---

[48] Si legge di un mitico che nel suo rapimento d'unione con Dio si è trovato imbrattato, come lui dice, di "vergognose lordure". E non s'accorge che definendo "vergognosa lordura" l'effluvio di sperma del suo corpo eccitato, insozza l'estasi in cui la sua anima è stata rapita. Purtroppo il *Cantico dei Cantici* di Re Salomone è letto per lo più da artisti e poeti, mentre i teologi se ne stanno alle larghe. E quando mai avverrà ch'esso sia "predicazione domenicale" ai fedeli radunati in Chiesa!?

www.ingramcontent.com/pod-product-compliance
Lightning Source LLC
Chambersburg PA
CBHW070259290526
45791CB00003B/1015